これなら読める!
くずし字・古文書入門

小林正博

潮新書
014

潮出版社

JN193053

推薦の言葉

最近、歴女《れきじょ》、歴検《れきけん》の用語が広まり、史跡めぐりが盛んなように、歴史学習人口は堅調に増加しています。

その中でも、いま静かな古文書ブームが起きているようです。新聞には新発見の古文書の記事が掲載され、通説の見直しを示唆する見出しが躍り、文書の画像が紙面を飾って、大きな話題になることがしばしばあります。

私たちが知っている歴史の知識は、伝説、潤色、果てはでっち上げられた作り話も入り交じり、史実からかけはなれた情報も少なくありません。歴史の真実を探求する上でもっとも信頼できるのは、いうまでもなく第一次文献としての直筆文書でしょう。これが新たに発見されることで、長い間知られていた通説が一瞬にして覆ってしまうわけですから、古い文書の持つ影響力は大変に大きいといえます。

もちろん、奥深い魅力を秘めた古い文書をスラスラと読めるようになるには、相当の努力と根気が必要なことはいうまでもありません。でも初歩的なひらがなや漢字のくずし字であれば、江戸時代の人たちが習った読み書きと同じように手習いを重ねれば、短期間でかなり読めるようになるはずです。

本書の着眼点の良さは、そのうってつけの教材として明治初期の小学校の国語教科書を選んだことです。明治時代の子どもたちが学んだ読み書きの初学教材は、くずし字・古文書学習の扉をやさしく開いてくれるでしょう。

本書読了をきっかけにして、ぜひ古文書解読の醍醐味を実感していただきたいと念願しています。

元・日本古文書学会会長　立正大学名誉教授　中尾　堯

はじめに

本書は、「これなら読める」と銘打って、できるかぎりわかりやすいくずし字学習の教材に仕上げました。選んだ教材は、明治時代はじめの初等教育用の国語の教科書です。

普通、古文書の解読の教材は、ほとんどが近世（江戸時代）文書です。しかし、二、三百年ほど前に書かれた日本語なのに、現代の私たちはほとんど読めません。その理由は、現代は使用されない「ひらがな」と「漢字」が近世文書には多く使われているからです。つまり昔の常用的な文字が、今は抹殺され、ほとんどお目にかからないために読めなくなっているわけです。

ぶっそうな表現で恐縮ですが抹殺された、いい「ひらがな」（変体仮名といいます）は、明治初期の子どもたちが学ぶ教科書で徐々に消えていき、明治三十三年の小学校令で、ひらがなは一音一字と決められて教場で教えられることはなくなってしまいました。「漢字」は戦後になって当用漢字（一九四六年、一八五〇字）、常用漢字（一九八一年、一九四五字）が選定され、それ以前に使用されていた漢字の字体（旧字）は、教場からも一般書籍からも消え去っていきました。

以上の経緯からすれば、近世文書によく出てくる「変体仮名」と「旧字の漢字」が生き残っているのは明治初期の文字教育の教科書だと考えました。これなら今の日本語の文章にも近いし、断絶された近世人と現代人の識字の橋渡しをしてくれる恰好な材料となるからです。これをマスターすれば、今まで遠い存在だった古文書との距離は一気に縮まり、近世文書を見る目が一変するはずです。

本書を通して、初歩から基礎段階の解読力を身に付けて、くずし字を読めるうれしさ、読めないくやしさに一喜一憂しながらも確実にレベルアップされることを心より期待しております。

解読力が向上していくと、自分の解読力のレベルがどのくらいなのかが気になってくるものです。**古文書の検定試験**があったらという声に応えて、二〇一六年七月に**古文書解読の検定試験**が始まりました。この検定は、三級から一級まで五段階の等級を設けて実施しています。本書は、**「古文書解読検定」**三級合格レベルに到達するための検定対策本としての内容も兼ね備えています。ご案内パンフの請求方法は、本書の14頁をご覧ください。

また推薦の言葉を中尾堯先生より頂戴し心より感謝申し上げます。先生は古文書の研究者・学者の集まりである日本古文書学会の会長を五期十五年務められ、「古文書解読検定」でも多くのアドバイスをして頂いております。

最後に、本書の通読をきっかけに、明治時代初期の子どもたちに追いつき追いこすことで、より充実したくずし字・古文書学習へとつながっていかれれば、著者としてこれ以上の喜びはありません。

平成二十九年十二月八日

古文書解読検定協会代表理事　小林正博

これなら読める！　くずし字・古文書入門◉目次

V　初学教養

付録　くずし字漢字練習帳　219

装幀◉清水良洋(Malpu Design)
本文DTP◉髙橋寿貴

出典は、『明治初期教育稀覯書集成』(全一一八冊)。同集成は、雄松堂書店から昭和五十五~七年に復刻され、入門的な古文書学習のための教材としてもふさわしい内容が目白押しです。本書はその中から、くずし字学習にうってつけの教材を五点選び、掲載の許可をいただいて編集しました。

「古文書解読検定」について

一般社団法人古文書解読検定協会では、二〇一六年七月から「古文書解読検定」を実施しています。これまで本検定の対策本として、『実力判定　古文書解読力』（柏書房・二〇一六年）と『読めれば楽しい！古文書入門』（潮出版社・二〇一七年）を出版しており、本書はその第三弾になります。

本検定の特徴は合否だけでなく、問題別平均点・総合順位・都道府県別合格者数などにより、あなたの解読力レベルがわかるようになっています。

ご興味のある方は、古文書解読検定協会へハガキまたはファックスで「検定案内パンフ」を郵便番号・住所・お名前・電話・年齢をご記入の上ご請求ください。

なお協会ホームページも開設していますのでインターネットから「古文書解読検定」で検索してください。そちらからも案内パンフのご請求ができます。

ハガキ　〒192-0082　八王子市東町6-8-202　古文書解読検定協会宛
ファックス　042(644)5244

Ⅰ　ひらがな（小學入門）

ここでは、明治初期の子供たちが学んだ「ひらがな」教材を見ながら、現在私たちが使っているひらがな以外に、どういうひらがながあったのかを確認していきます。特に現在使っていないひらがな（これを変体仮名といいます）をマスターすることが、古文書学習の第一歩となります。

明治時代の子供たちが、ひらがなを覚えるために暗唱した「いろは歌」は、私たちにもなじみが深く、すらすらと言える方も多いと思います。

色は匂へど　散りぬるを　我が世誰ぞ　常ならむ
有為の奥山　今日越えて　浅き夢見じ　酔ひもせず

これは仏典の『涅槃経』の偈《げ》（詩）「諸行無常　是生滅法　生滅滅已　寂滅為楽」の意味を和訳したものとされています。

これを「ひらがな」で表記すると全部で四十七字になります。

いろはにほへと　ちりぬるを　わかよたれそ　つねならむ
うゐのおくやま　けふこえて　あさきゆめみし　ゑひもせす

「いろは」は文字の手習いのはじめに習うことから、「物事のはじめ」という意味があり、まさに「古文書学習のいろは」は、ひらがなを覚えることからはじまります。

ひらがなはもともと漢字をくずしてできています。そのもとになっている漢字を字母（字源ともいう）といいます。それぞれ左頁に字母を表記していますから、ひらがなと見比べてください。大きい字の下に左右二字の小さい字が示されていますが、大きい字は、なじみのあるひらがななので容易に読めますが、むしろ下の小さい二字に着目してください。小さい二字のうち右側の字は（「い」「え」は左側）大きい字と字母が同じです。左側の字はちがう字母のひらがなで近世文書によく出てきますからしっかり押さえておきましょう。

ここではまず「いろは」の順で変体仮名を学習し、次の段階で復習を兼ねて「あいうえお順」に並べかえたひらがなを確実に覚えてください。「あいうえお順」では、本書に出てくる変体仮名のくずし字をすべて収めていますので、これをマスターすれば、「ひらがな」の解読力は飛躍的に向上します。

ぜひ、見ながらではなく実際に書いて覚えるようにしてください。

四十七字

い 伊 以

ろ 呂 路

は 波 者

に 仁 尓

ほ 保 本

へ 部 遍

と 止 登

ち 知 遅

り 利 里

ぬ 奴 努

る 留 流

を 遠 越

わ 和 王

か 加 可

ひらがなの字母を確認しよう

い　以　以伊
ろ　呂　路呂

＊「い」の字母は「以」になります

は　波　者波
に　仁　尓仁

ほ　保　本保
へ　部　遍部

と　止　登止
ち　知　遅知

り　利　里利
ぬ　奴　努奴

る　留　流留
を　遠　越遠

わ　和　王和
か　加　可加

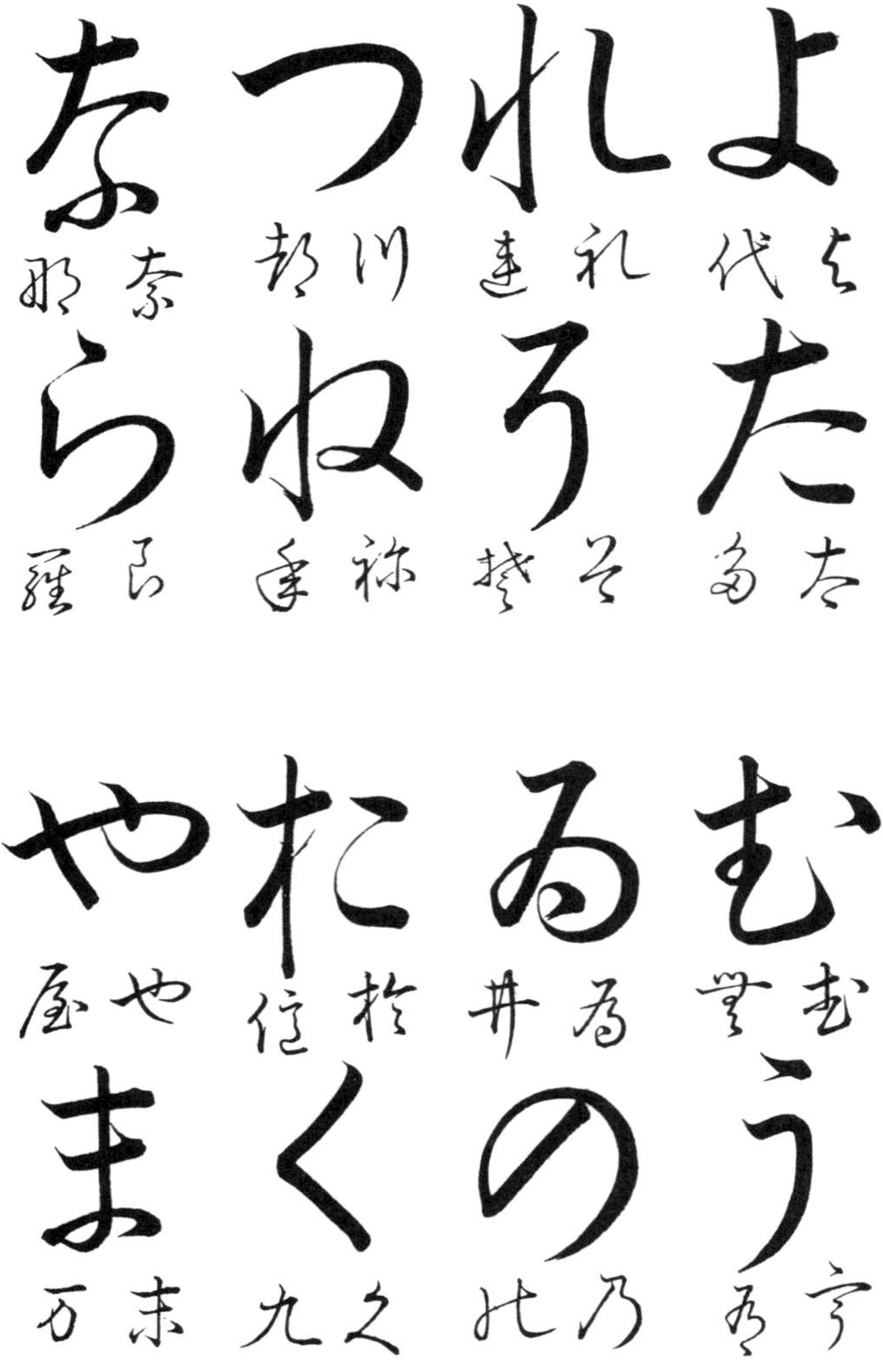
なつれよ
らねそた
やおゐむ
まくのう

よ　与　代与
れ　礼　連礼
つ　川　都川
な　奈　那奈

た　太　多太
そ　曽　楚曽
ね　祢　年祢
ら　良　羅良

む　武　無武
ゐ　為　井為
お　於　億於
＊「お」のくずしは「た」に似ています
や　也　屋也

う　宇　有宇
の　乃　能乃
く　久　九久
ま　末　万末

け　ふ　こ　江　て　あ　さ　き

ゆ　め　み　し　ゑ　ひ　も　せ

け　計　希計
こ　己　古己
て　天　亭天
さ　左　佐左

ふ　不　婦不
え　江　衣江
＊「え」の字母は「衣」になります
あ　安　阿安
き　幾　起幾

ゆ　由　遊由
み　美　三美
ゑ　恵　衛恵
も　毛　母毛

め　女　免女
し　之　志之
ひ　比　飛比
せ　世　勢世

すん

を　す

を

カタカナ

𪜈𬻿𬼂

その他

ヿ

す　寸　春寸　ん

と

「こ」の第二画が略されて「と」につながっています。
こういう字を合字《ごうじ》といいます。

カタカナ

𪜈　トモ

𪜊　トキ

𬼂　シテ

カタカナの合字です。

なお𬼂に似た字に〆がありますが、これは「しめ」と読みます。解読する時は「〆」とします。

その他

ヿ　こと

漢字の「事」の略字です。

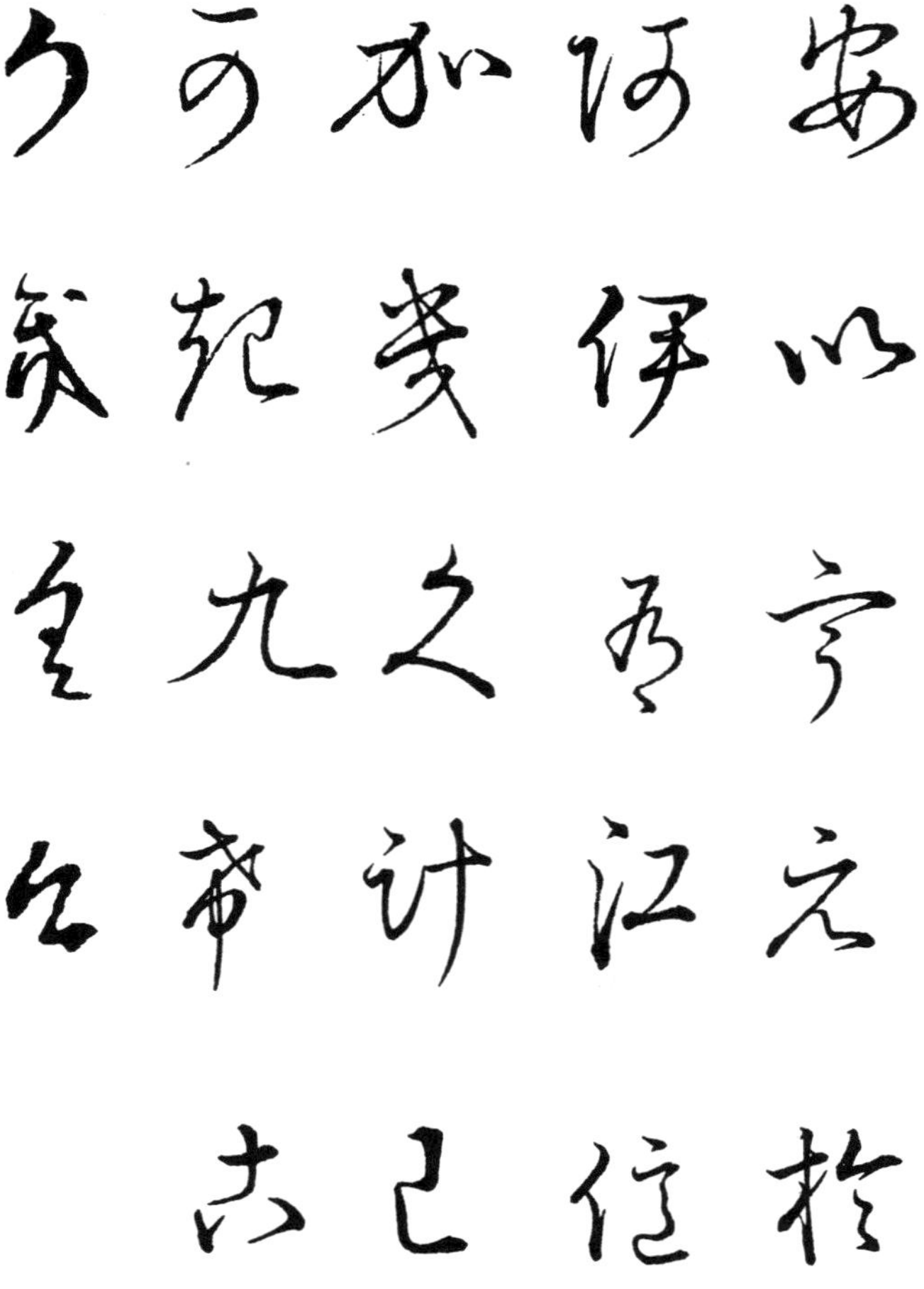

本書のⅡ章以下で出てくる「ひらがな」も付け加えました。

字母（もとにしている漢字）　太字の漢字は現代ひらがなの字母です

「あ」**安**　「い」**以**　「う」**宇**　「え」**衣**　「お」**於**

阿　伊　有　江　億

「か」**加**　「き」**幾**　「く」**久**　「け」**計**　「こ」**己**

可　起　九　希　古

可　幾　具　个

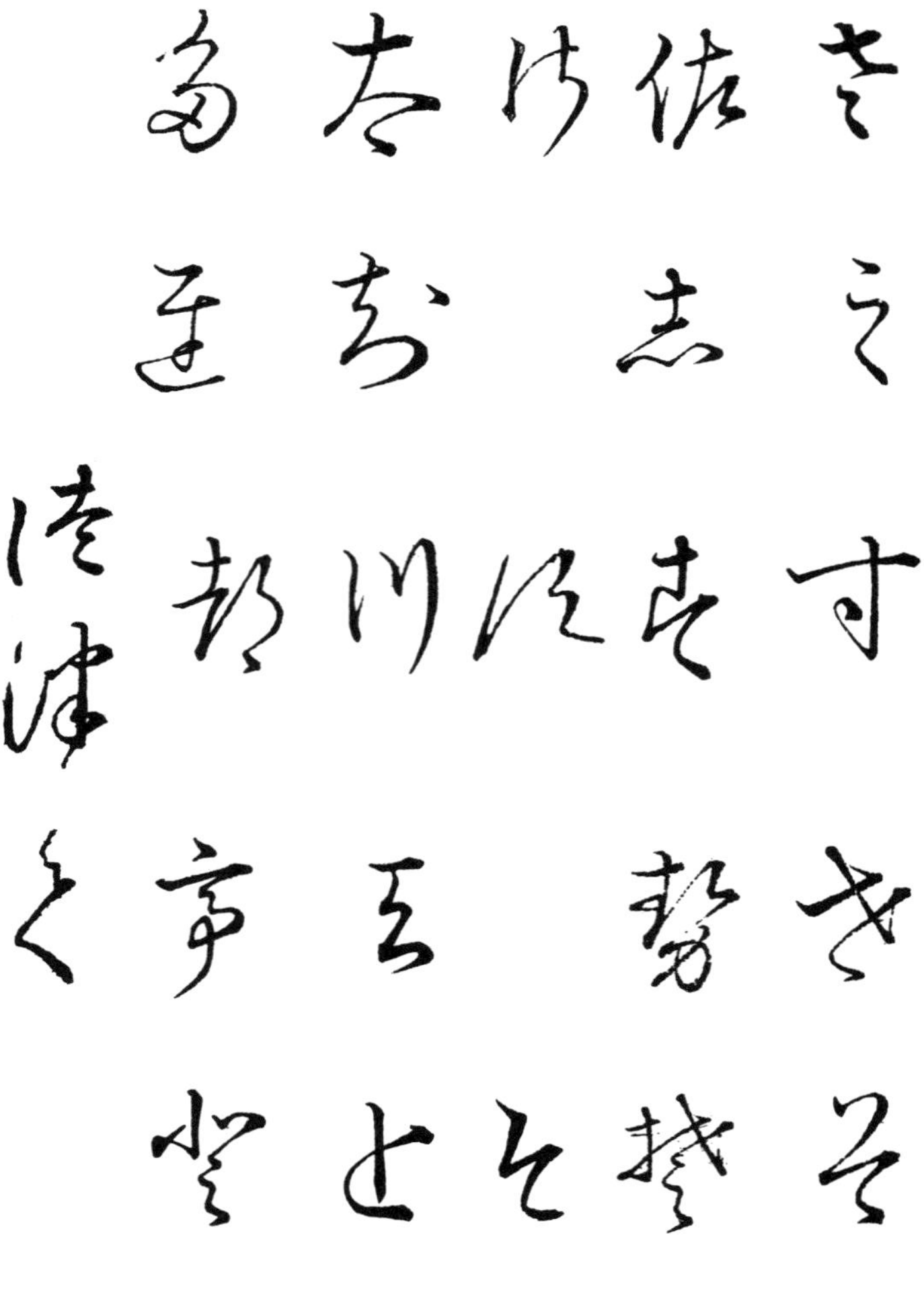

「さ」	**左**	佐	佐
「し」	**之**	志	
「す」	**寸**	春	須
「せ」	**世**	勢	
「そ」	**曽**	楚	曽

「た」	**太**	多	
「ち」	**知**	遅	
「つ」	**川**	都	徒津
「て」	**天**	亭	天
「と」	**止**	登	

「あいうえお順」

奈　那　あ
仁　小　れ
奴　努　り
祢　季　里
乃　比　弥

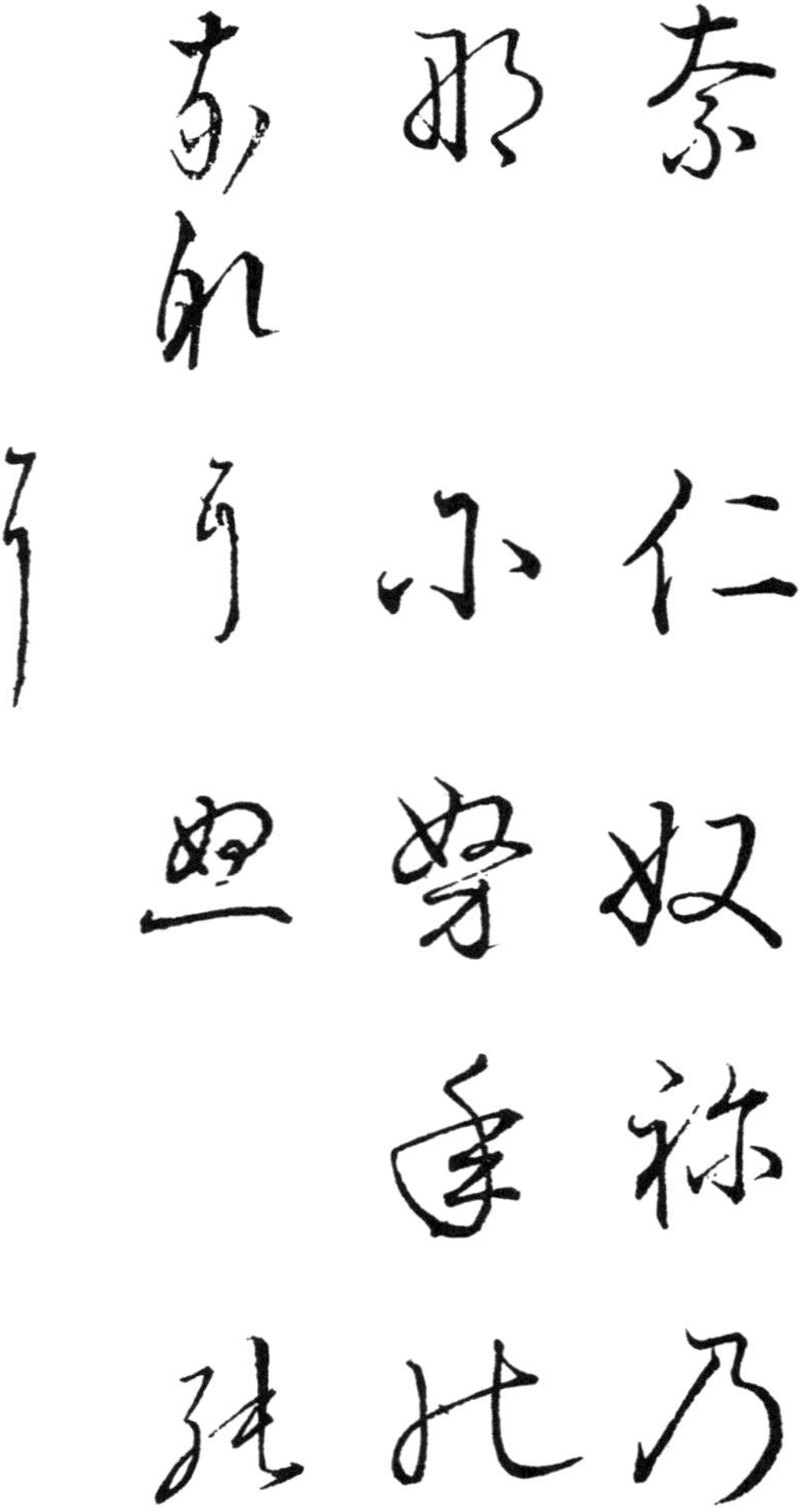

「な」**奈**　那　奈那

「に」**仁**　尔　耳　耳

「ぬ」**奴**　努　怒

「ね」**祢**　年

「の」**乃**　能　能

「あいうえお順」

波　左　古

比　无　包

ふ　婦

乁　遍

保　不　月

32

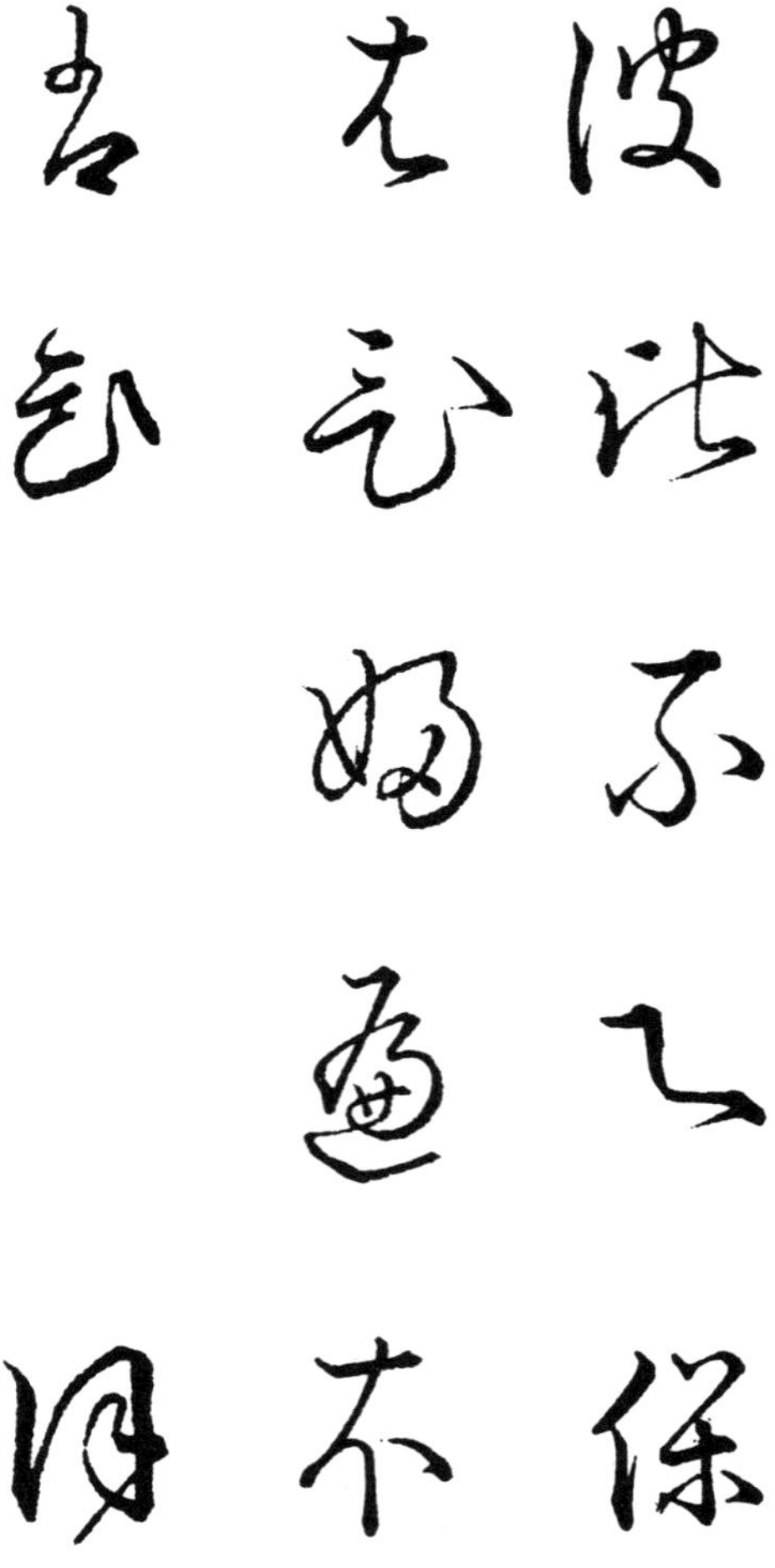

「は」**波**　者　盤

「ひ」**比**　飛　飛

「ふ」**不**　婦

「へ」**部**　遍

「ほ」**保**　本　保

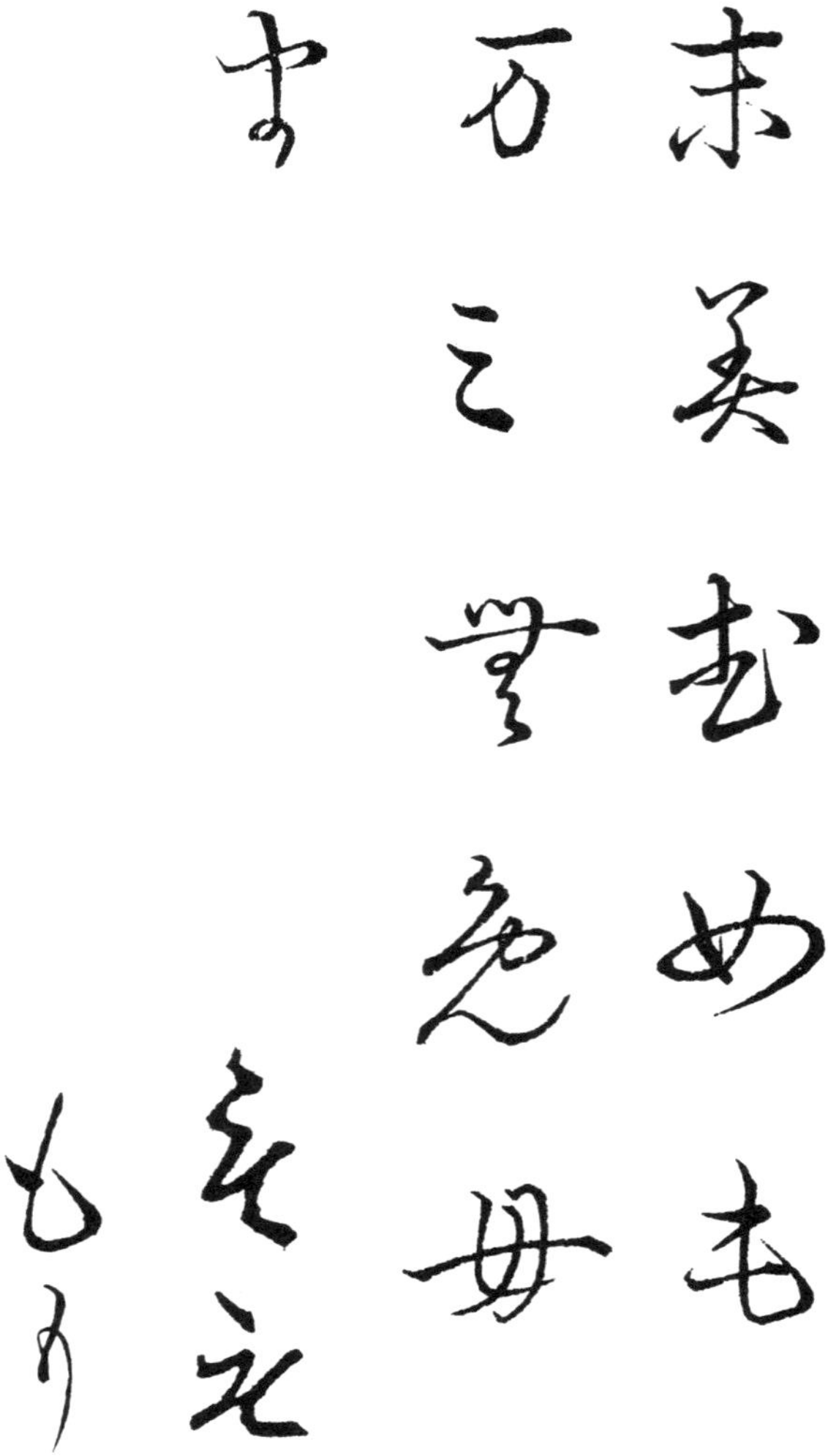

「ま」**末**　万　末

「み」**美**　三

「む」**武**　無

「め」**女**　免

「も」**毛**　母　毛　毛　毛　毛

＊「も」のくずしはいろいろあります。

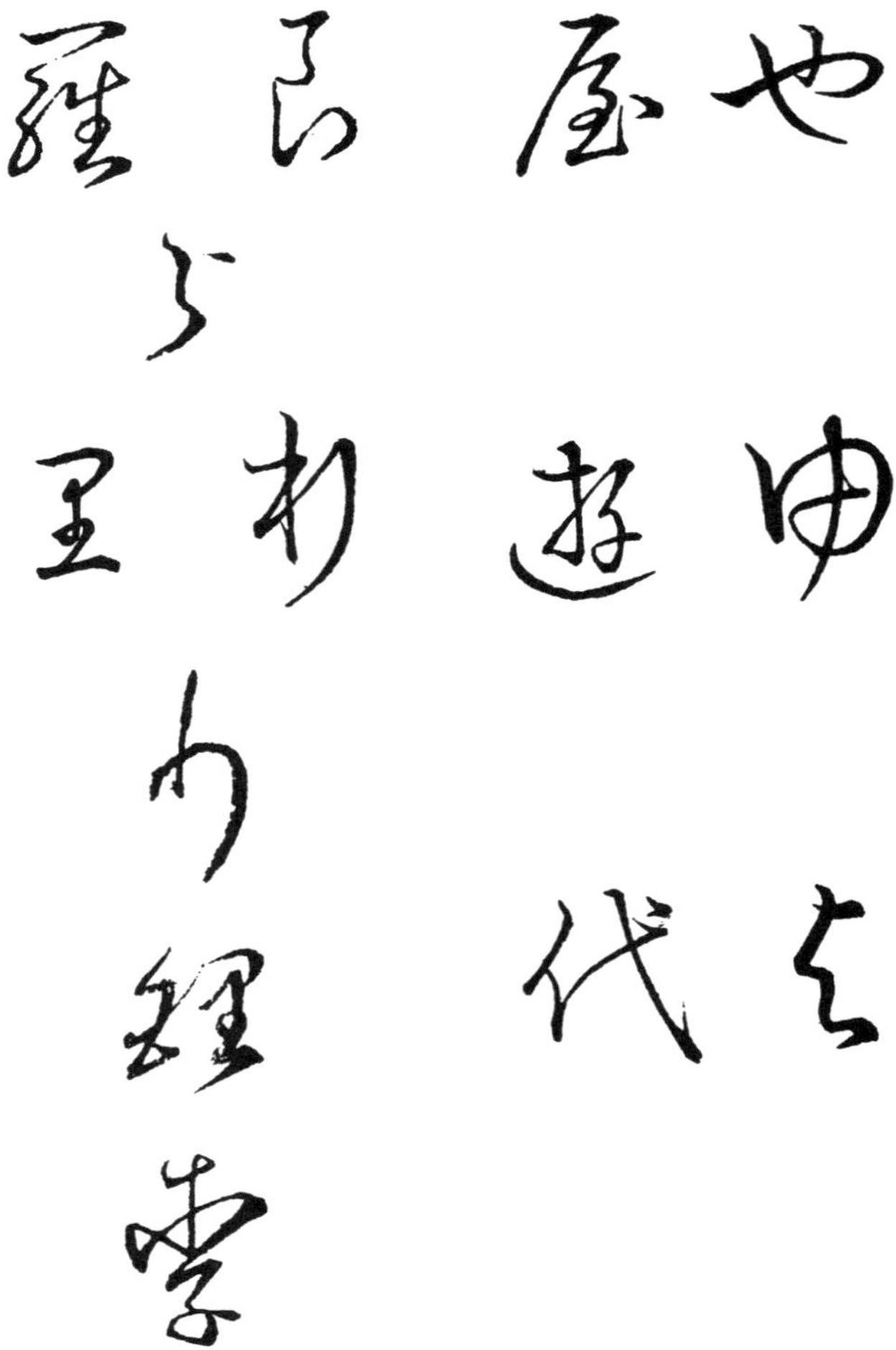

「や」也　**「ゆ」由**　**「よ」与**

屋　遊　代

「ら」良　**「り」利**

良　利　理　李

羅　里

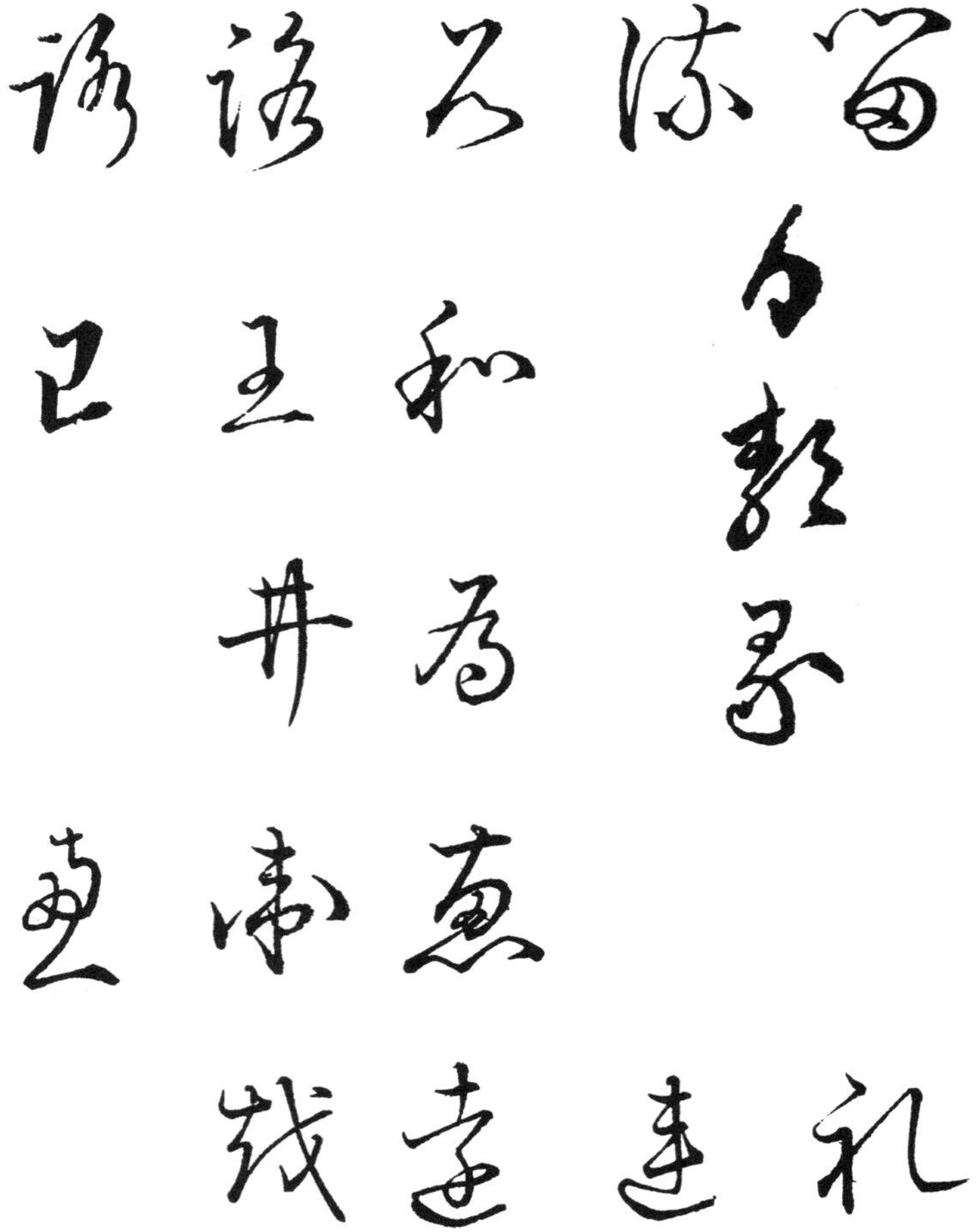

「る」**留**　流　留　類　累

「れ」**礼**　連

「ろ」**呂**　路　路

「わ」**和**　王　王

「ゐ」**為**　井

「ゑ」**恵**　衛　恵

「を」**遠**　越

II 絵入り単語（単語綴字圖《つづりじず》）

ここではいろいろなものを歴史的仮名づかいで表記した絵入りの単語集を読みます。左頁に読みと漢字を挙げ、歴史的仮名づかいには、現代読みの振り仮名を付けています。「これなら読める」ひらがながほとんどですが中には読みにくいくずし字や変体仮名が出てきます。それらの文字は太字で示しましたので、書きながら覚えてください。

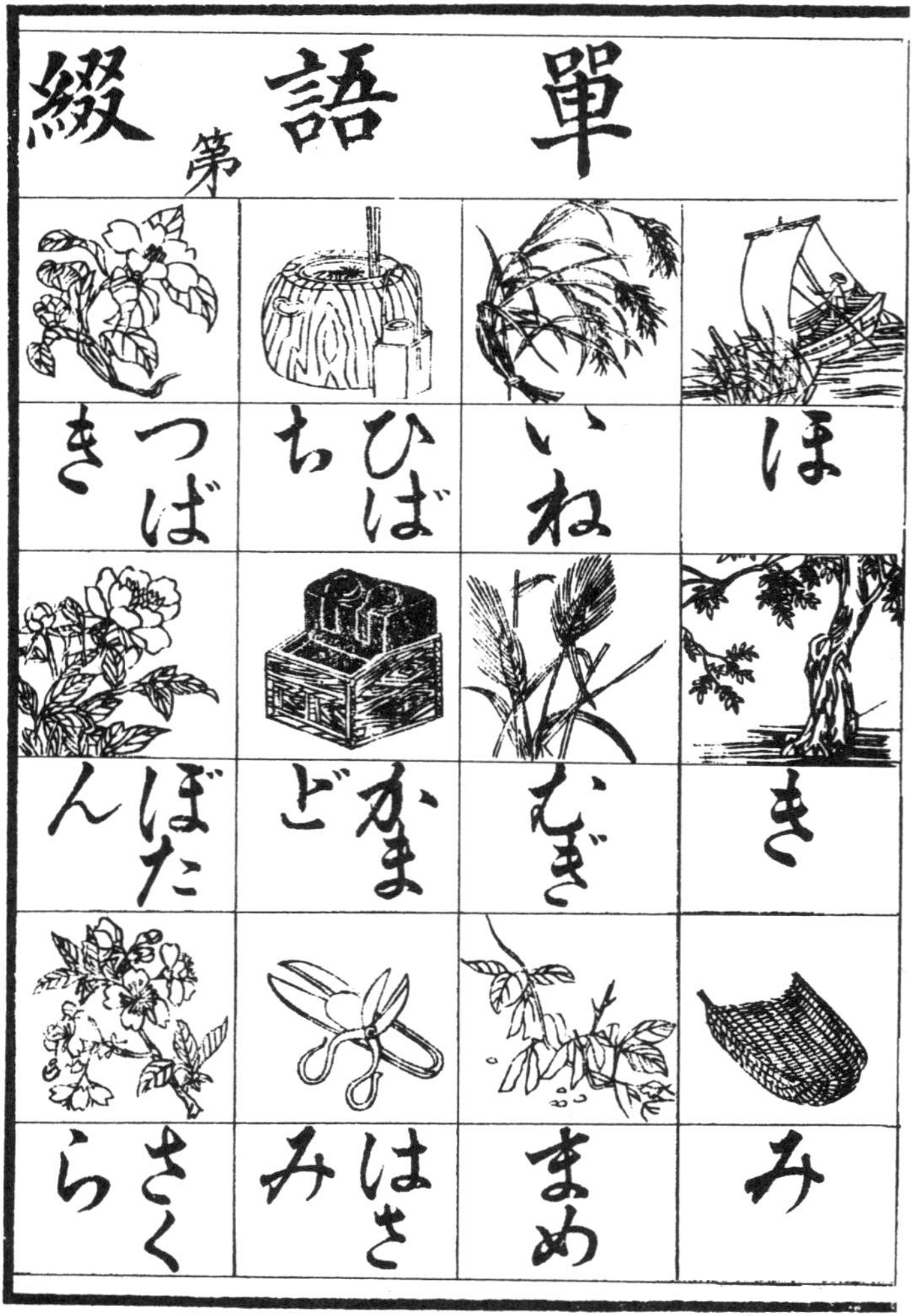
單語綴
第
ほ
いね
ひばち
つばき
き
むぎ
かまど
ぼたん
み
まめ
はさみ
さくら

単語綴字図　第一

ここはすべて現代ひらがなです

ほ（帆）　き（木）　み（箕）

いね（稲）　むぎ（麦）　まめ（豆）

ひばち（火鉢）　かまど（竈）　はさみ（剪刀）

つばき（椿）　ぼたん（牡丹）　さくら（桜）

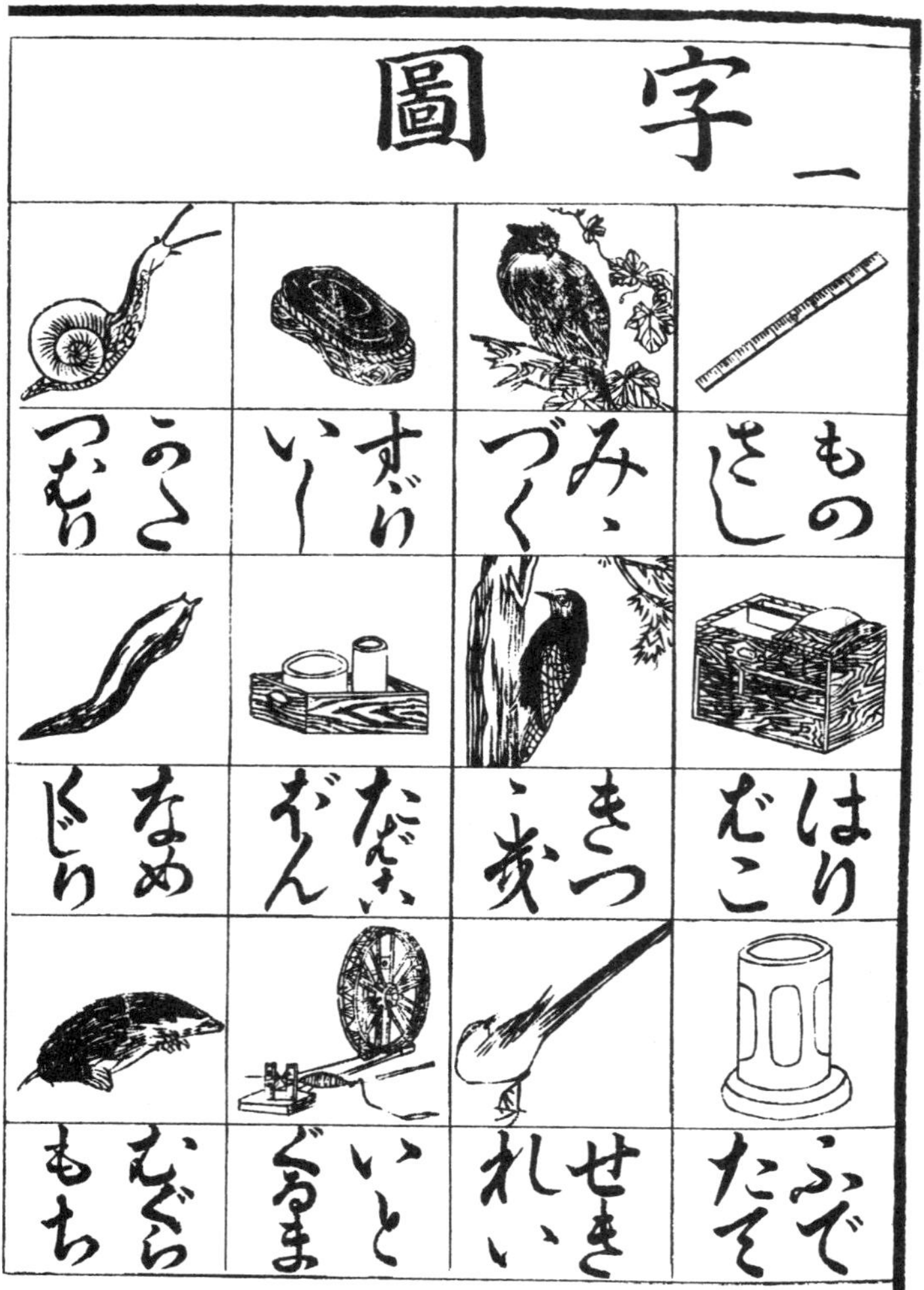
字圖　一
ものさし
みゝづく
すゞりいし
かたつむり
はりばこ
きつゝき
たばこぼん
なめくじり
ふでたて
せきれい
いとぐるま
むぐらもち

ものさし（尺）
みゝづく（耳木菟）
すゞりいし（硯石）
かたつむり（蝸牛）

はり**ば**こ（針箱）
きつゝ**き**（啄木鳥）
た**ばこ**ぼん（煙草盆）
なめくじり（蛞蝓）

ふでた**て**（筆立）
せきれい（鶺鴒）
いとぐるま（糸車）
むぐらもち（土竜・モグラの異名）

單語綴　第

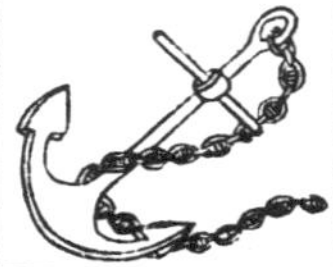	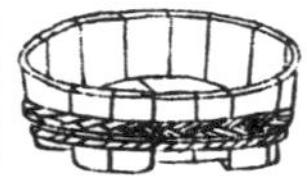	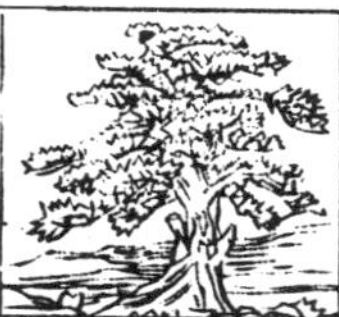	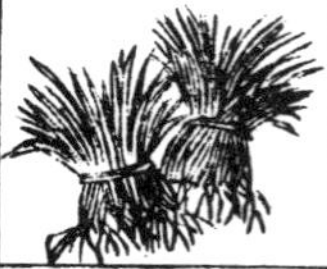
いかり	たらひ	江のき	なへ
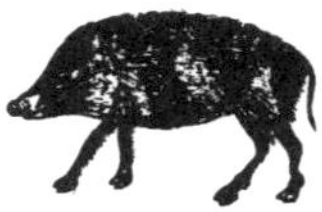	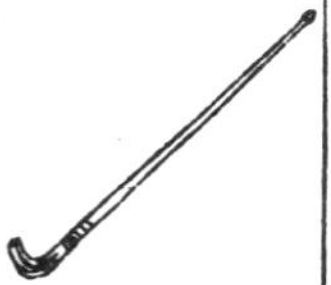	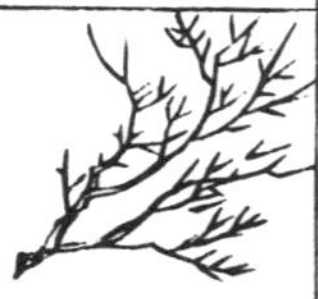	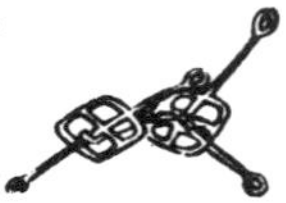
ゐのこ	つゑ	江だ	くつわ
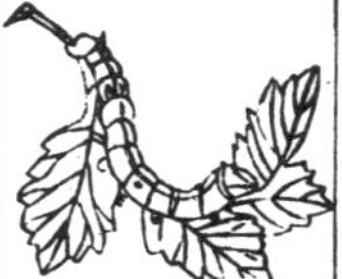	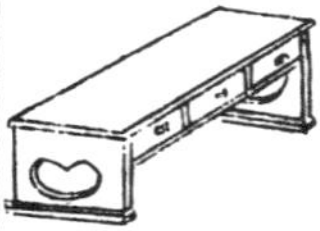	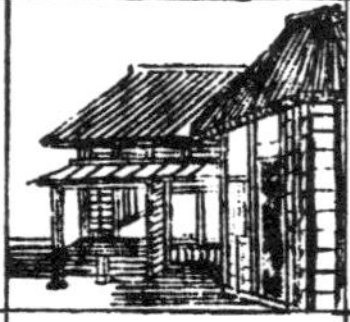	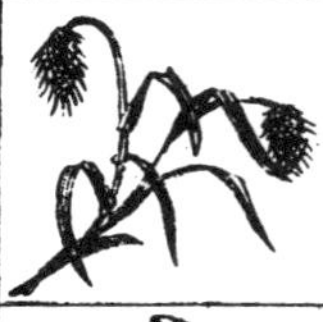
かひこ	つくゑ	いへ	あは

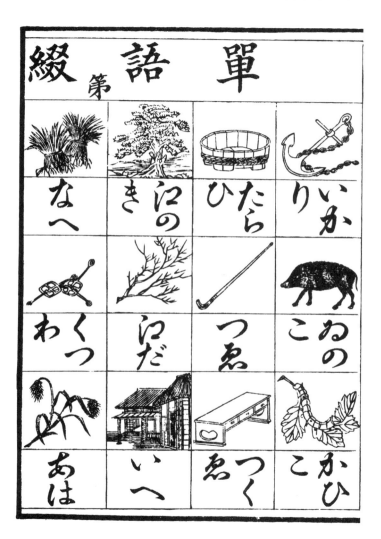

単語綴字図　第二

いかり（錨）

たらひ（盥《たらい》）

えのき（榎）

なへ（苗《なえ》）

ゐのこ（猪子《いのこ》）

つゑ（杖《つえ》）

えだ（枝）

くつわ（轡）

かひこ（蚕《かいこ》）

つくゑ（机《つくえ》）

いへ（家《いえ》）

あは（粟《あわ》）

字圖　二

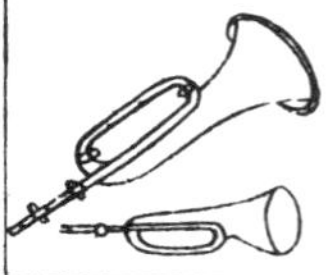			
らっぱ	ふぢ	おりもの	かはら

すっぽん	ねずみ	をの	おほかみ

ぼくゝひ	なまづ	きじ	ほゝづき

かはら（瓦《かわら》）

おりもの（織物）

ふぢ（藤《ふじ》）

らつぱ（喇叭《らっぱ》）

おほかみ（狼《おおかみ》）

をの（斧《おの》）

ねずみ（鼠）

すつぽん（鼈《すっぽん》）

ほゝづき（酸漿《ほおずき》）

きじ（雉）

なまづ（鯰《なまず》）

ぼくゝい（木杭《ぼっくい》）

單語綴　第

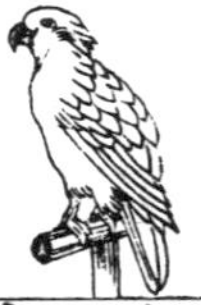

あうむ

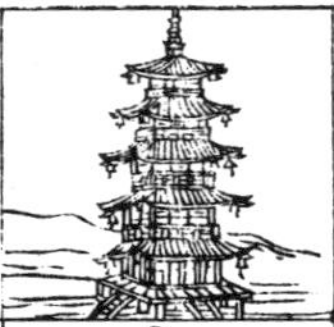

たふ

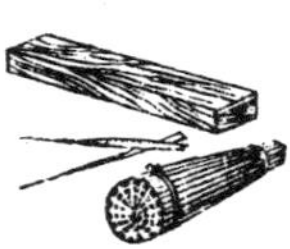

やうじ

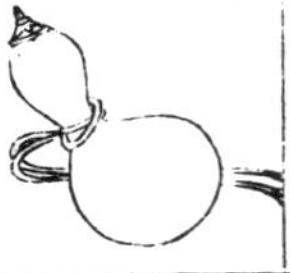

へうたん

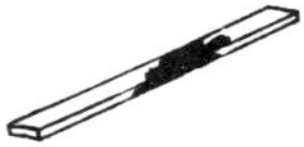

かうがい

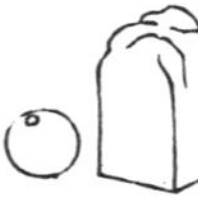

めなう

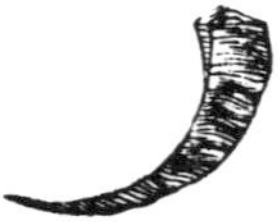

すゐぎう

めうが

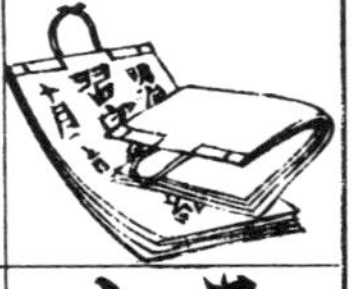

さうし

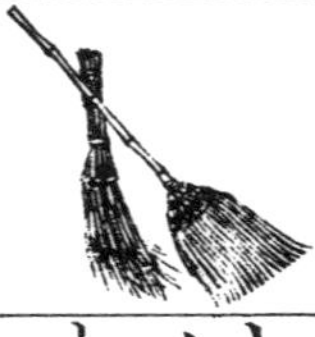

はうき

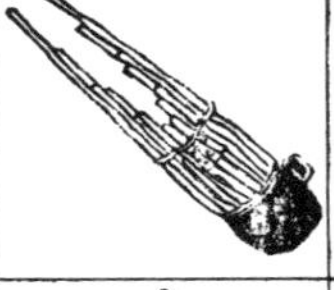

せう

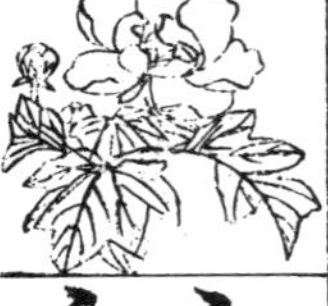

ふよう

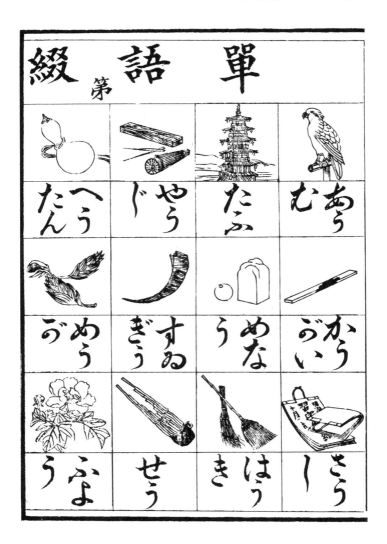

単語綴字図　第三

あうむ（鸚鵡《おうむ》）
たふ（塔《とう》）
やうじ（楊枝《ようじ》）
へうたん（瓢箪《ひょうたん》）

かうがい（笄《こうがい》）
めなう（瑪瑙《めのう》）
すゐぎう（水牛《すいぎゅう》）
めうが（茗荷《みょうが》）

さうし（草紙《そうし》）
はうき（箒《ほうき》）
せう（簫《しょう》）
ふよう（芙蓉《ふよう》）

字圖 三

きふす	ゆふがほ	きやうだい	ひやうしぎ

てふ〱	ほふわう	しやうじ	ちやうちん
	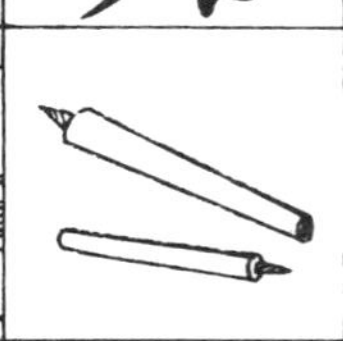		
あふぎ	らふそく	じやうきせん	りやうがけ

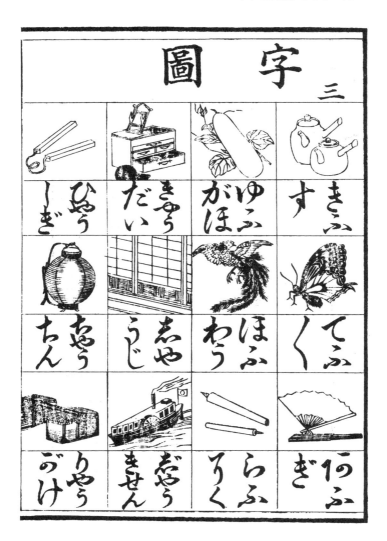

きふす（急須《きゅうす》）

ゆふがほ（夕顔《ゆうがお》）

きやうだい（鏡台《きょうだい》）

ひやうしぎ（拍子木《ひょうしぎ》）

てふてふ（蝶々《ちょうちょう》）

ほふわう（鳳凰《ほうおう》）

しやうじ（障子《しょうじ》）

ちやうちん（提灯《ちょうちん》）

あふぎ（扇《おうぎ》）

らふそく（蠟燭《ろうそく》）

じやうきせん（蒸気船《じょうきせん》）

りやうがけ（両掛《りょうがけ》）

單語綴 第

		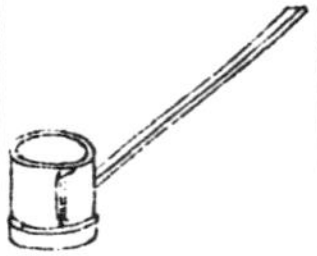	
こんにやく	ひやくにんしゆ	ひしやく	ぢゆうだい

きんぎよ	ちやがま	くじやく	きやはん
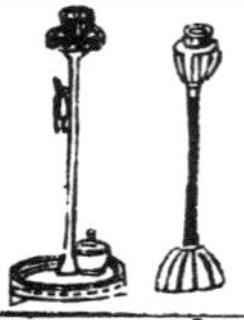		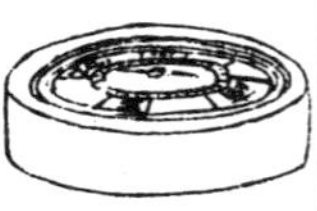	
しよくだい	きんちやく	じしやく	しやくやく

単語綴字図　第四

ぢゆう**ばこ**（重箱《じゆうばこ》）

きや**は**ん（脚半《きやはん》）

しやく**や**く（芍薬《しやくやく》）

ひしやく（柄杓《ひしやく》）

くじやく（孔雀《くじやく》）

じしやく（磁石《じしやく》）

ひやく**に**んし**ゆ**（百人首《ひやくにんしゆ》）

ちやがま（茶釜《ちやがま》）

きんちやく（巾着《きんちやく》）

こん**に**やく（蒟蒻《こんにやく》）

きんぎよ（金魚《きんぎよ》）

しよくだい（燭台《しよくだい》）

字圖

四

じねんじよ

しゆろ

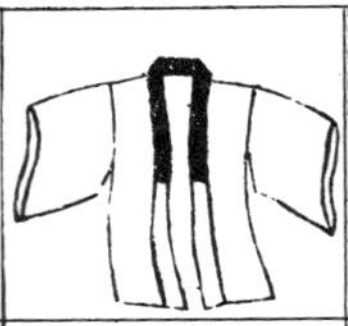

じゆばん

くわいろ

ちよく

しゆす

すゐくわ

やくわん

ちよつき

ゑんじゆ

くわし

れんぐわせき

じねんじよ（自然薯《じねんじょ》）

しゆろ（棕櫚《しゅろ》）

じゆばん（襦袢《じゅばん》）

くわいろ（懐炉《かいろ》）

ちよく（猪口《ちょく》）

し**ゆ**す（繻子《しゅす》）

す**ゐ**くわ（西瓜《すいか》）

やくわん（薬缶《やかん》）

ちよつき（短胴服《ちょっき》）

ゑんじ**ゆ**（槐《えんじゅ》）

くわし（菓子《かし》）

れんぐわせき（煉瓦石《れんがせき》）

Ⅲ 絵入り文章（連語圖解）

ここからは「漢字のくずし字」学習になります。明治時代の子供向けの文章ですから内容はやさしいですが、一字一字正確に読めるか挑戦してください。漢字には必ず振り仮名が振ってあるので、ひらがなと区別できます。解読文の下に、覚えておきたい漢字のくずし字の画像を切り貼りして載せました。何度もくりかえし見てマスターしてください。

連語圖第一

神《かみ》は

天《てん》

地《ち》の

主宰《しゆさい》にして

人《ひと》は

萬物《ばんもつ》の

霊《れい》なり

○善道《ぜんだう》を以《もつ》て

身《み》を脩《をさ》め

信義《しんぎ》我

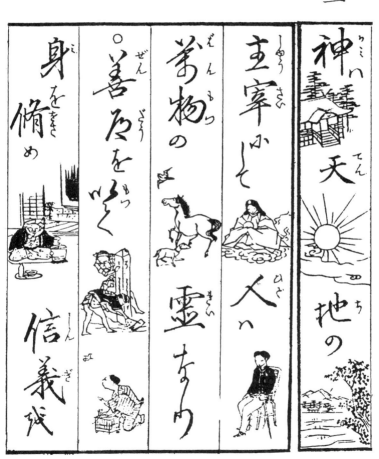

連語図第一

神《かみ》ハ天地《てんち》の
主宰《しゆうさい》にして人《ひと》ハ
万物《ばんもつ》の霊《れい》なり
○善道《ぜんだう》を以《もつ》て
身《み》を修《をさ》め信義《しんぎ》を

啚は図の俗字

萬→万　旧字を新字に

善・道のくずし字

脩→修　旧字を新字に

以《もつ》て人《ひと》に交《まじは》る○親《おや》

子《こ》の間《あひだ》は親《しん》愛《あい》

を主《しゆう》とし兄《きやう》弟《だい》の際《さい》は

友《いう》愛《あい》を専《もつぱら》とし

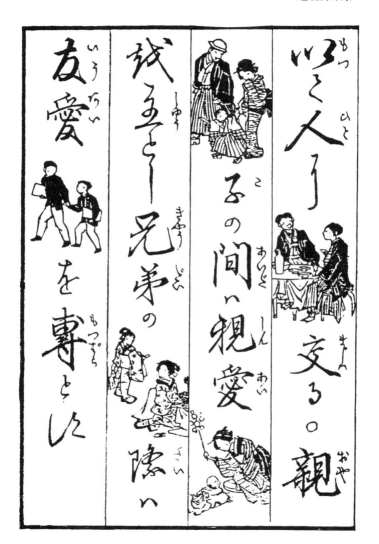

以《もつ》て人《ひと》に交《ましハ》る○親《おや》
子《こ》の間《あいだ》ハ親愛《しんあい》
を主《しゆう》とし兄弟《きやうだい》の際《さい》ハ
友愛《いうあい》を専《もつぱら》とす

以はひらがなで「い」となる
親の左側のくずし
際の「示」は「ふ」になる
專→専　旧字を新字に

○親《じや》の父《ちゝ》を祖父《ぢゝ》といひ

親《おや》の母《はゝ》を祖母《ばゞ》といふ

○親《おや》乃兄《きやう》弟《だい》を伯《を》父《ぢ》叔《を》父《ぢ》

といひ○親《おや》の姉《あね》妹《いもと》を伯《を》母《ば》叔《を》母《ば》といふ

○親《おや》の父《ちゝ》を祖父《ぢゞ》といひ親《おや》の母《はゝ》を祖母《ばゞ》といふ○親《おや》の兄弟《きやうだい》を伯父《をぢ》叔父《をち》といひ○親《おや》の姉妹《あねいもと》を伯母《をば》叔母《をば》といふ

父のくずし

姊→姉　旧字を新字に

連語圖第二

學《がく》校《かう》へ出《いで》てハ

書《しよ》物《もつ》をよみ又《また》

手《て》習《ならひ》まで

○書《しよ》物《もつ》ハ

事《じ》物《ぶつ》乃

理《り》を知《し》り手《て》習《ならひ》ハ

文《もん》字《じ》乃

形《かたち》を学《まな》

ぶ○授《じゆ》業《げふ》の始《はじめ》ハ年七歳

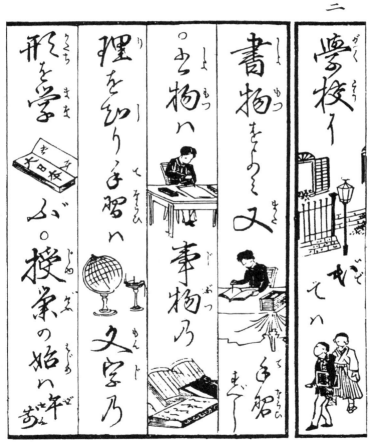

連語図第二

学校《がくこう》に出《いで》てハ
書物《しよもつ》をよみ又《また》手習《てならひ》すべし
○書物《しよもつ》ハ事物《じぶつ》の
理《り》を知《し》り手習《てならひ》ハ文字《もんじ》の
形《かたち》を学《まな》ぶ○授業《じゆげふ》の始《はじめ》ハ午前《ごせん》

出のくずし

書のくずし

知と文のくずし

前のくずし

七時《しちじ》

授《じゆ》業《げふ》

は終《おわり》ハ午《ご》後《ご》三時《さんじ》

やすみ。読《よ》み

書《か》きの外《ほか》ハ

算《さん》術《じゆつ》を学《まな》ぶべし

遊《いう》歩《ほ》を為《な》さしめ

運《うん》動《どう》の

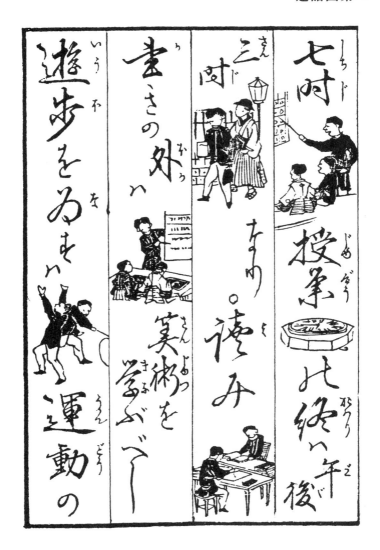

七時《しちじ》授業《じゆげう》の終《おハり》ハ午後《ごゞ》
三時《さんじ》なり○読《よ》み
書《か》きの外《ほか》ハ算術《さんじゆつ》を学《まな》ぶべし
遊歩《いうほ》を為《な》すハ運動《うんどう》の

時は異体字になっている

讀→読
新字に　讀の「貝」のくずし

算のくずし

遊は異体字になっている

ため。運《うん》動《どう》をなすはれ

気《き》を

散《さん》じ神《しん》を

養《やしな》ふがため。

運《うん》動《どう》をすれ

ば又《また》書《しよ》物《もつ》をよみて

ならひ

し算《さん》術《じゆつ》を学《まな》ぶ

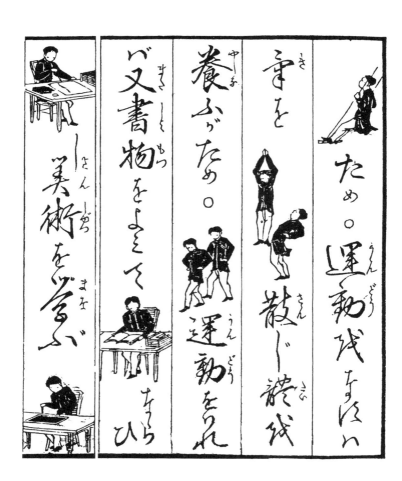

ため○運動《うんどう》をなすハ
気《き》を散《さん》じ体《たい》を

氣→気　旧字を新字に　氣は変体仮名で「け」となる

體→体　旧字を新字に

養《やしな》ふがため○運動《うんどう》をハれ
バ又《また》書物《しよもつ》をよみてならひ
し算術《さんじゆつ》を学《まな》ぶ

算のたけかんむりは「ツ」に見える

○君《きミ》ハ其《そ》處《こ》ニ居《ゐ》て

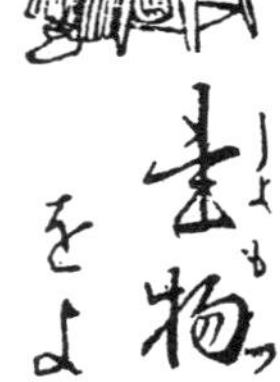

書物《しよもつ》をよみ

予《よ》ハ此《こ》處《ゝ》ニ

ありて手《て》習《ならひ》書○彼《う》の小《せう》兒《に》ハ

何《ど》處《こ》へ

淋しや此《こ》の

女《をよ》子《し》ハ何《い》時《つ》歸り

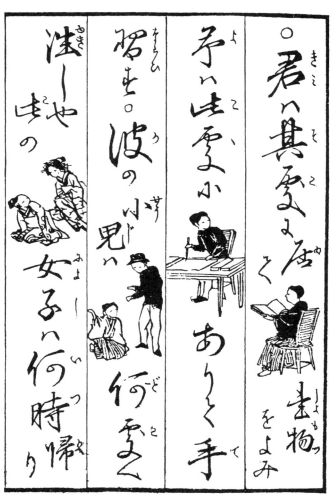

連語図第三

○君《きみ》ハ其処《そこ》に居《ゐ》て書物《しよもつ》をよみ
予《よ》ハ此処《こゝ》にありて手《て》
習《ならひ》す○彼《か》の小児《せうじ》ハ何処《どこ》へ
往《ゆき》しや　此《こ》の女子《によし》ハ何時《いつ》帰《かへ》り

處→処　旧字を新字に

書のくずし

此のくずし

彼　ぎょうにんべんのくずし

徃は往の俗字　ぎょうにんべんのくずし

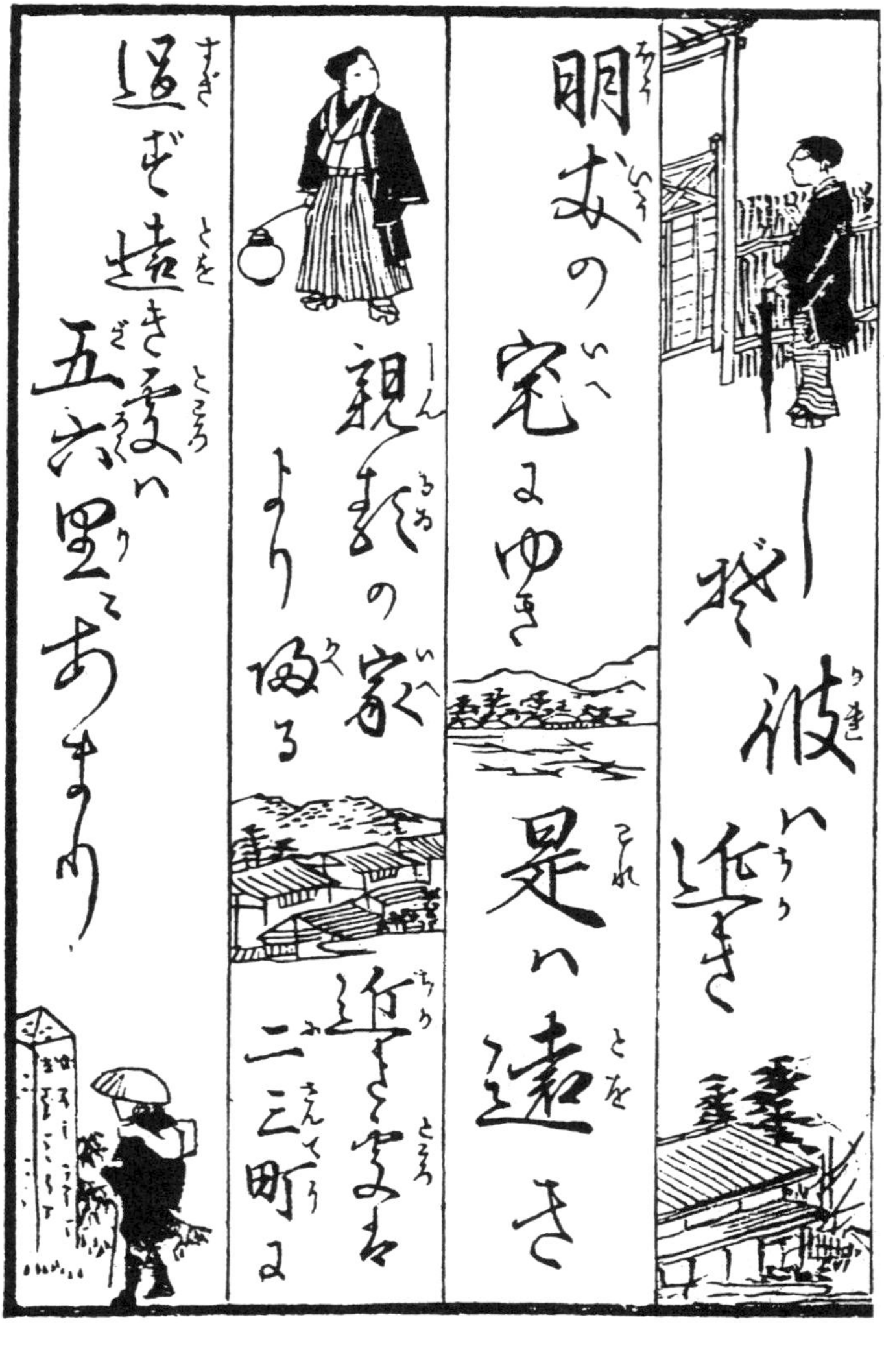

し扨彼《かれ》は近《ちか》き明石《あかし》の宅《いへ》よりゆき是《これ》は遠《とを》き親類《しんるゐ》の家《いへ》より帰る近《ちか》き処《ところ》は二三町《さんてう》より過《すぎ》ず遠《とを》き処《ところ》は五《ご》六《ろく》里《り》にあまれり

しぞ　彼《かれ》ハ近《ちか》き
朋友《ほういう》の宅《いへ》にゆき是《これ》ハ遠《とを》き
親類《しんるゐ》の家《いへ》より帰《かへ》る　近《ちか》き処《ところ》は二三町《にさんてう》に
過《すぎ》ず　遠《とを》き処《ところ》ハ五六里《ごろくり》ニあまり

彼　ぎょうにんべんのくずし

友のくずし

類は変体仮名で「る」となる

帰のくずしは重要

里は変体仮名で「り」となる

○彼《かれ》の朋《ほう》友《いう》ハ常《つね》に学《がく》問《もん》

我好《この》ミ是《これ》の親《しん》類《るゐ》ハよく家《か》業《げふ》を

励《はげ》む

○学《がく》問《もん》を好《この》めハ智《ち》

識《しき》をまし家《か》業《げふ》を

励《はげ》めハ富《とみ》をいたす

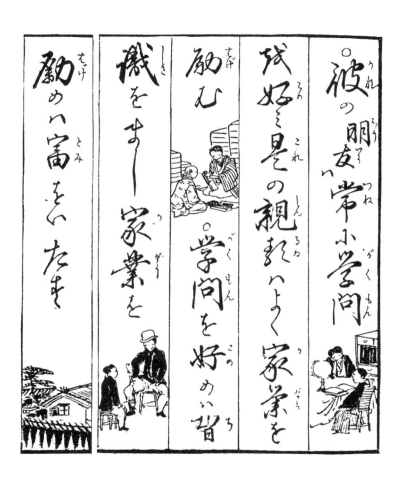

○彼《かれ》の朋友《ほういう》ハ常《つね》に学問《がくもん》を好《この》み是《これ》の親類《しんるゐ》ハよく家業《かげう》を励《はげ》む○学問《がくもん》を好《この》めハ智《ち》識《しき》をまし家業《かげう》を励《はげ》めハ富《とみ》をいたす

問　もんがまえのくずし

勵→励　旧字を新字に

○地《ち》球《きう》へ

日《ひ》を周《めぐ》りて

轉《てん》じ

月《つき》も

地《ち》

球《きう》に

随《したが》ひて環《めぐ》る日《ひ》乃

照《て》る間《あひだ》を

晝《ひる》といひ

日《ひ》の

連語図第四

○地球《ちきう》ハ日《ひ》を周《めぐ》りて転《てん》じ月《つき》は地《ち》球《きう》に随《したが》ひて環《めぐ》る　日《ひ》のある間《あいだ》を昼《ひる》といひ　日《ひ》の

轉→転　旧字を新字に

晝→昼　旧字を新字に

隠《かく》れし後《のち》を夜《よ》といふ

○朝《あさ》日《ひ》の

うたを

東《ひがし》とし夕《ゆふ》日《ひ》

のく方をを西《にし》

とい○去年《きよねん》の秋《あき》へ冷《ひやう》ふしく

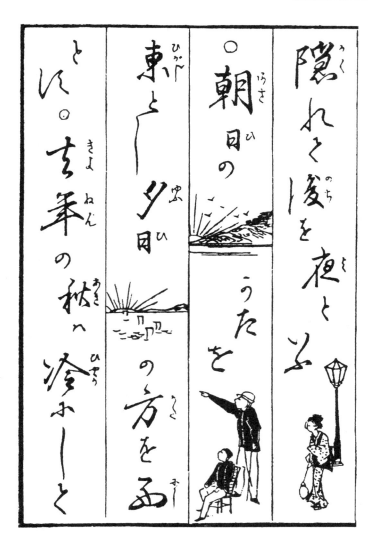

隠《かく》れて後《のち》を夜《よ》といふ
○朝日《あさひ》のかたを
東《ひがし》とし夕日《ゆふひ》の方《かた》を西《にし》
とす○去年《きよねん》の秋《あき》ハ冷《ひやゝか》にして

後　ぎょうにんべんのくずし

西のくずし

去のくずし

霜《しも》早《はや》く今年《ことし》の春《はる》お

暖《あたゝか》ふしく梅《うめ》すくなし。春《はる》

北日《ひ》ハ林《はやし》よ花《はな》開《ひら》

或秋《あき》の夕《ゆふべ》ハ叢《くさむら》に虫《むし》鳴《な》く。

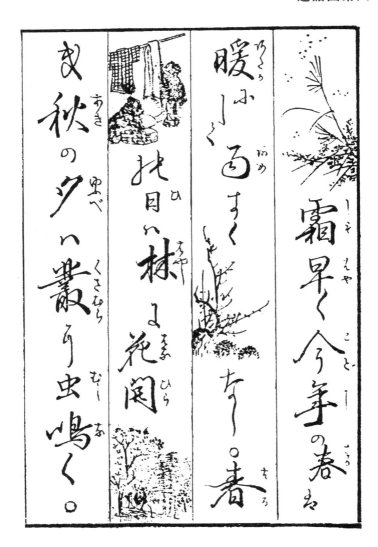

霜《しも》早《はや》く今年《ことし》の春《はる》は
暖《あたか》にして雨《あめ》すくなし○春《はる》
の日《ひ》ハ林《はやし》に花《はな》開《ひら》
き秋《あき》の夕《ゆふべ》ハ叢《くさむら》に虫《むし》鳴《な》く○

雨のくずし

秋　のぎへんのくずし

夏《なつ》は南《みなみ》風《かぜ》多《おほ》く

冬《ふゆ》は北《きた》風《かぜ》

多《おほ》し。夏《なつ》は

暑《あつ》くして

をり〱

雷鳴《かみなり》冬《ふゆ》は寒《さむ》

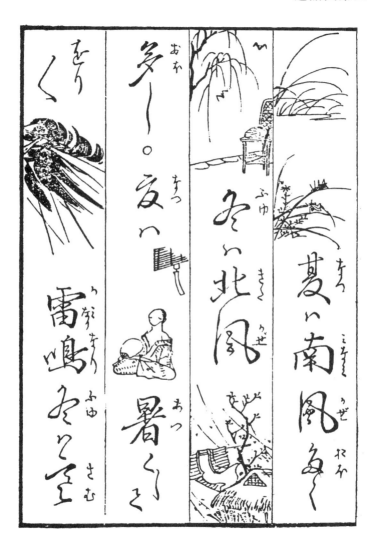

夏《なつ》ハ南風《みなみかぜ》多《おほ》く
冬《ふゆ》ハ北風《きたかぜ》
多《おほ》し。夏《なつ》ハ暑《あつ》くして
をり〳〵雷鳴《かみなりなり》冬《ふゆ》ハ寒《さむ》

多は変体仮名で「た」となる
風のくずし
夏のくずし
〳〵　二文字以上のくりかえし記号
寒のくずし

くしてよきぐ

雪《ゆき》降《ふ》る。暑《あつ》き時《とき》ハ

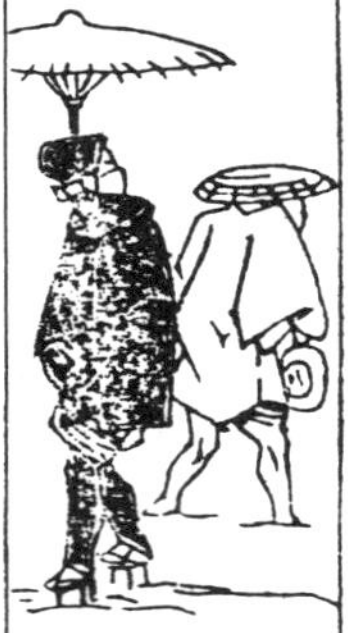

草《さう》木《もく》茂《しげ》り寒《さむ》きを

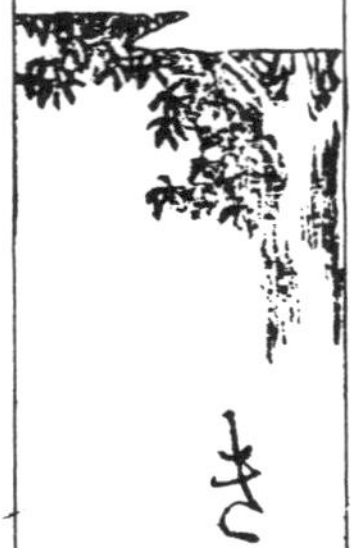

池ハ泉《ぜん》水《すゐ》凍《こほ》る

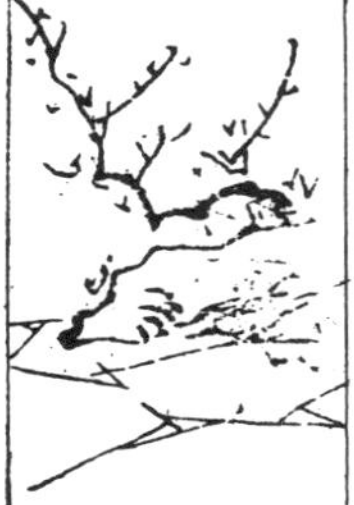

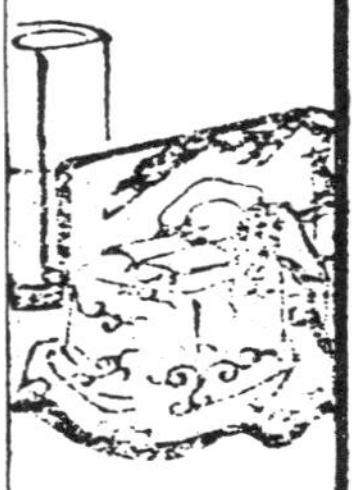

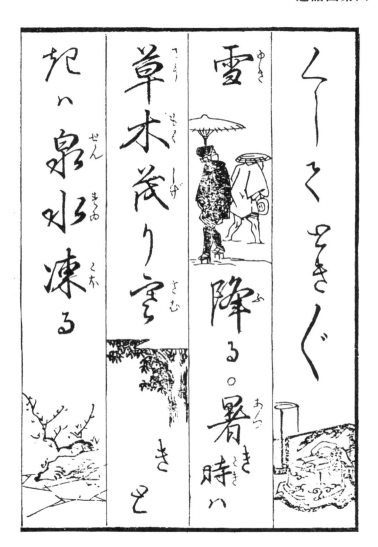

くしてときぐ
雪《ゆき》降《ふ》る。暑《あつ》き時《とき》ハ
草木《さうもく》茂《しげ》り寒《さむ》きと
きハ泉水《せんすゐ》凍《こほ》る

く　二文字以上のくりかえし記号　ぐ

寒のくずし

連語圖第五

○日本《にほん》の人《ひと》ハ常《つね》ニ穀類《こくるゐ》

魚類《ぎよるゐ》を食《しよく》し

西洋《せいやう》の人《ひと》ハ獣肉《じうにく》

鳥肉《てうにく》を食《しよく》す

○野菜《やさい》ハ

煮《に》たるを食《くら》ふ

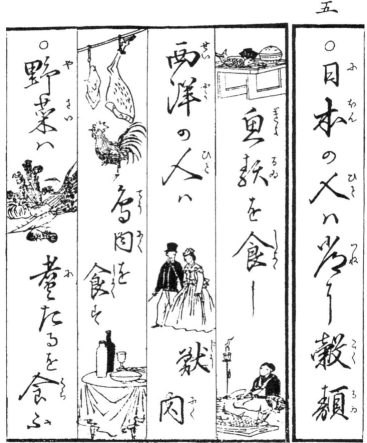

連語図第五

○日本《にほん》の人《ひと》ハ常《つね》に穀類《こくるゐ》
魚類《ぎよるゐ》を食《しよく》し
西洋《せいやう》の人《ひと》ハ獣肉《じうにく》
鳥肉《てうにく》を食《しよく》す
○野菜《やさい》ハ煮《に》たるを食《くら》ふ

常のくずしは重要

魚のくずし

鳥のくずし

煑は煮の異体字

悪く

菓《くだ》物《もの》は熟《じゆく》せざるを食《くら》ふべ

からず

○水《みづ》と

乳《にう》汁《じる》は

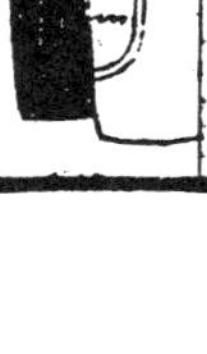

健《けん》康《かう》をたすけし酒《さけ》と

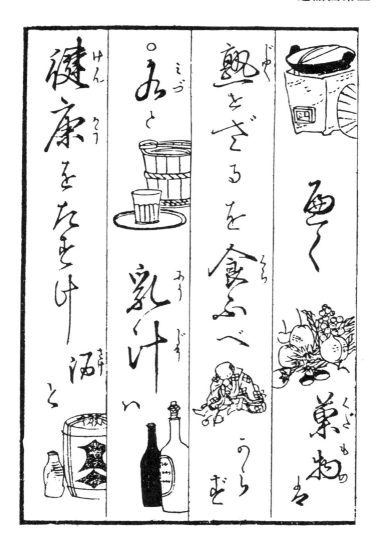

へく菓《くだ》（↓果）物《もの》は
熟《じゆく》せざるを食《くら》ふべからず
○水《みづ》と乳汁《にうじう》ハ
健康《けんかう》をたすけ酒《さけ》と

物のくずし

水のくずし

健は健になっている　健は健の俗字

酒のくずし

烟草《たばこ》ハ

養生《やうじやう》ニ害《がい》

あり○勉《べん》強《きやう》ハ

延《えん》原《ぐゑん》と生《な》り○健《けん》康《かう》ハ

養《やう》生《じやう》より来《きた》る○養生《やうじやう》の人《ひと》ハ

食《しよく》

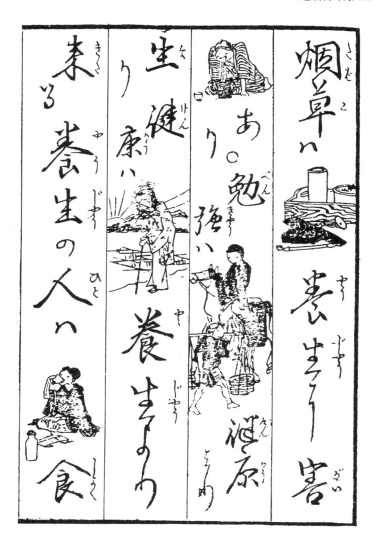

烟草《たばこ》ハ養生《やうじやう》に害《がい》
あり○勉強《べんきやう》ハ健康《けんかう》より
生《な》り健康《けんかう》ハ養生《やうじやう》より
来《きた》る　養生《やうじやう》の人《ひと》ハ食《しよく》

烟は煙と同字
養のくずし

物《もつ》喰

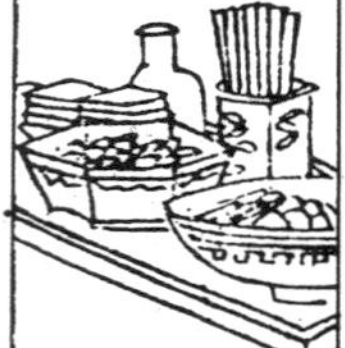

飲《のみ》物《もの》

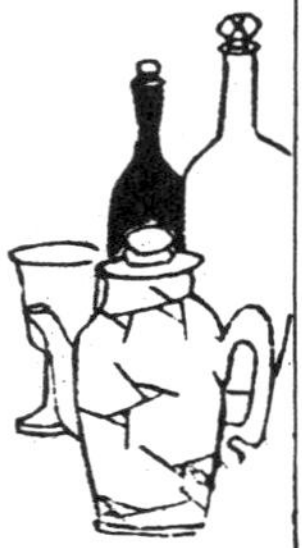

とをえらび勉《べん》強《きやう》の者《もの》を

朝《あさ》寝《ね》

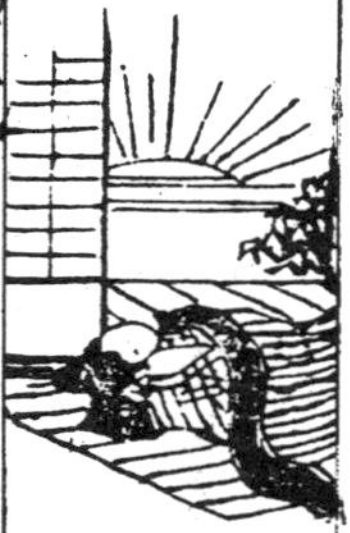

と昼《ひる》寝《ね》を

戒《いまし》む

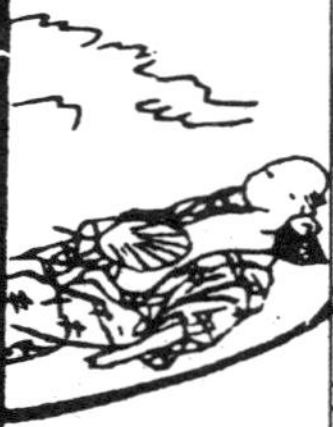

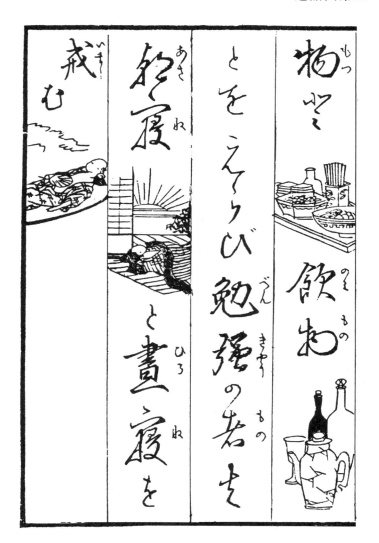

物《もつ》と飲物《のみもの》
とをえらび勉強《べんきやう》の者《もの》は
朝寝《あさね》と昼寝《ひるね》を
戒《いまし》む

朝の右の「月」のくずし
書→昼　旧字を新字に

○衣《い》服《ふく》の

料《れう》ハ木《も》綿《めん》あり

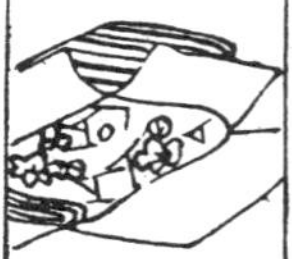

又《また》麻《あさ》絹《きぬ》

毛《け》織《おり》あり○暑《あつ》き時《とき》ハ薄《うす》き

衣《い》服《ふく》を着《き》寒《さむ》き時《とき》ハ厚《あつ》き衣《い》服《ふく》

着《き》る○薄《うす》きを

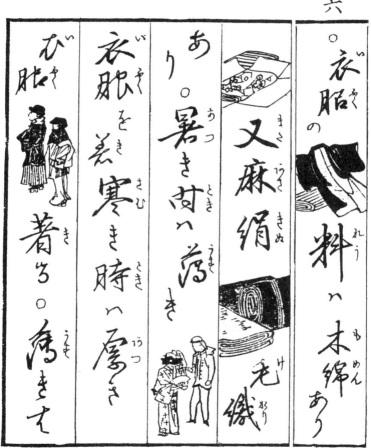

連語図第六

○衣服《いふく》の料《れう》ハ木綿《もめん》あり
又《また》麻《あさ》絹《きぬ》毛《け》織《おり》
あり○暑《あつ》き時《とき》ハ薄《うす》き
衣服《いふく》を着《き》　寒《さむ》き時《とき》ハ厚《あつ》き
衣服《いふく》着《き》る○薄《うす》きは

絹のいとへんのくずし

薄のくずし

着のくずしは重要

本来「着」は著の俗字

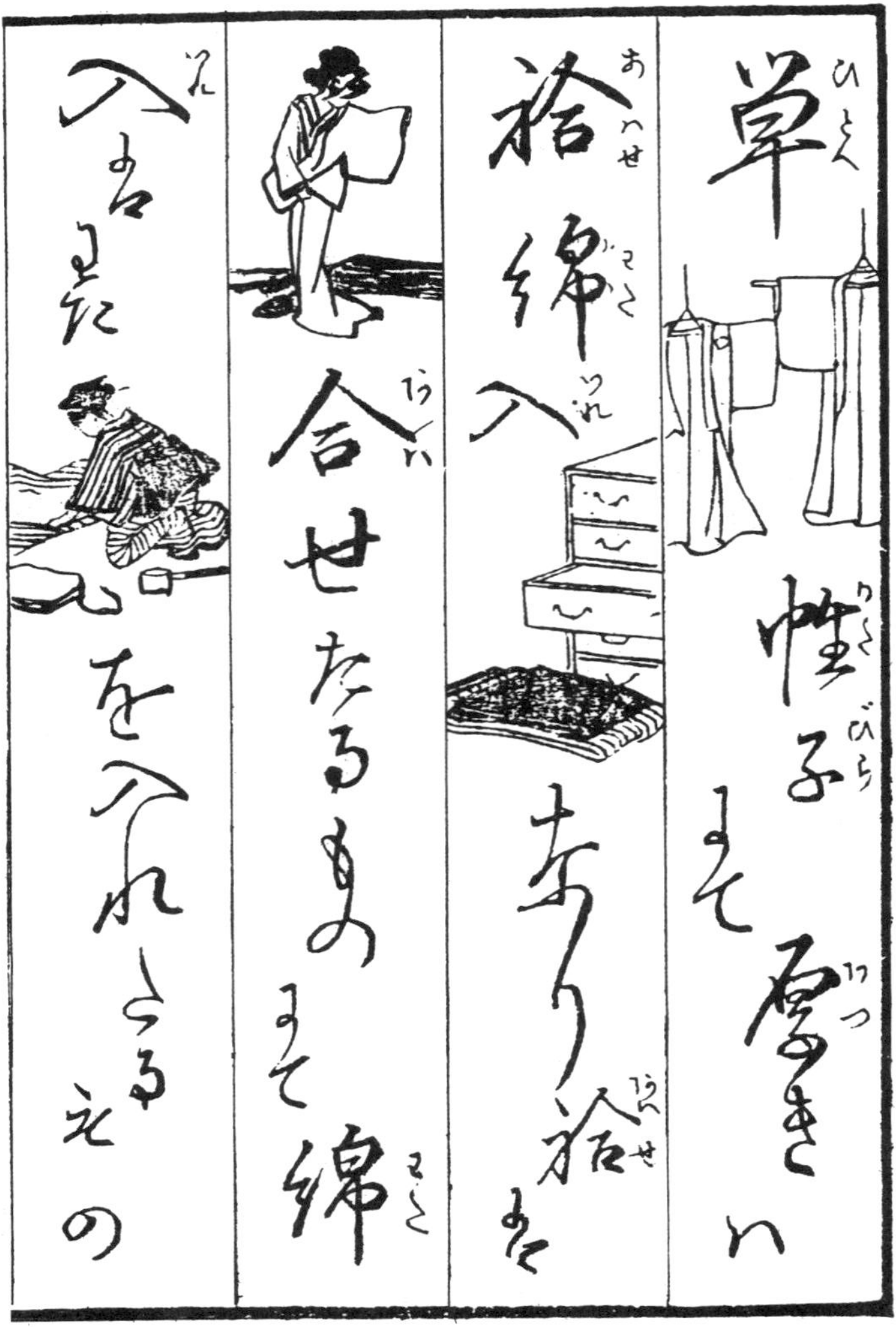
単《ひとへ》
帷子《かたびら》まで
合羽《かつ》きれ
袷《あはせ》
綿《わた》
入《いれ》
あり
袷《あはせ》
あて
合《あは》せたるもの
まで
綿《わた》
入《いれ》ものは
心を入れる
その

単《ひとへ》帷子《かたびら》にて厚《あつ》きハ
袷《あハせ》綿入《わたいれ》なり　袷《あハせ》は
合《あハ》せたるものにて綿《わた》
入《いれ》はわたを入れたるもの

帷のふるとり（隹）のくずしは「生」に似ている

綿のいとへんのくずし

○肌《はだ》に貼《つ》くる襦袢《じゅばん》にて

表《うはぎ》に服《ふく》するは

羽織《はおり》なり

○帽《ばう》をかぶり袴《はかま》をきる

○雨《あめ》の時《とき》も

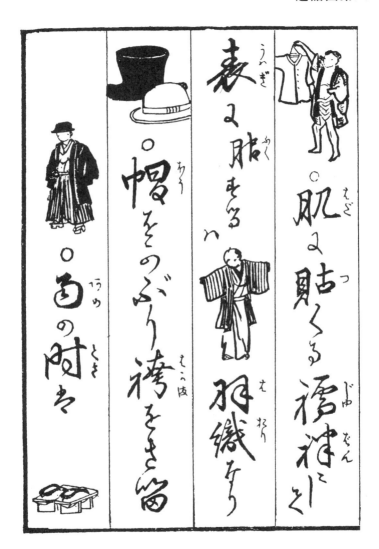

○肌《はだ》に貼《つ》くる襦袢《じゆばん》ニして

表《うハぎ》に服《ふく》するハ羽織《はおり》なり

○帽《ぼう》をかぶり袴《はかま》をきる

○雨《あめ》の時《とき》は

貼はつけるの意味

袢の「半」のくずしは重要

表は上着を意味している

雨のくずし

時は異体字になっている

足駄《あしだ》をやめ又《また》長《なが》靴《ぐつ》をはく

○晴《はれ》の日《ひ》に

草履《ざうり》を用《もち》ゐ又《また》履《くつ》を

はく

足駄《あしだ》をはき又長靴《またながぐつ》をはく
○晴《はれ》の日《ひ》ハ
草履《ざうり》を用《もち》ゐ又履《またくつ》を
はく

晴の右の「青」のくずしは重要

草のくさかんむりのくずし

履のくずし

連語圖第七

○大工《だいく》は家《いへ》をつくり左《さ》官《くゑん》は壁《かべ》を塗《ぬ》る

○家《いへ》に柱《はしら》を立《たて》て後《のち》に屋《や》根《ね》をふき

○壁《かべ》は下地《したぢ》を作《つく》りて

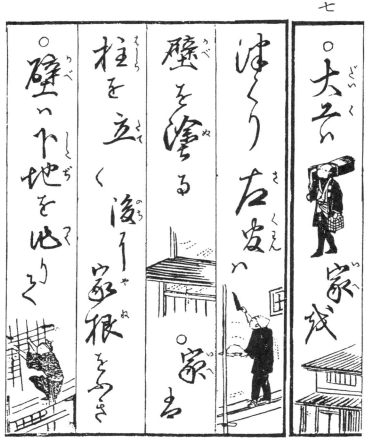

連語図第七

○大工《だいく》ハ家《いへ》を
つくり左官《さくわん》ハ
壁《かべ》を塗《ぬ》る○家《いへ》は
柱《はしら》を立《たて》て後《のち》に家根《やね》をふき
○壁《かべ》ハ下地《したぢ》を作《つく》りて

工のくずし

官のくずしは重要

柱のきへんのくずし
てはくり返し記号になっている

作のくずし

後《のち》は土《つち》を塗《ぬ》る

○屋《や》根《ね》より軒《のき》を補ふ

○中《なか》塗《ぬり》より上《うは》塗《ぬり》をなす

○棚《たな》押《おし》入《いれ》をつけ

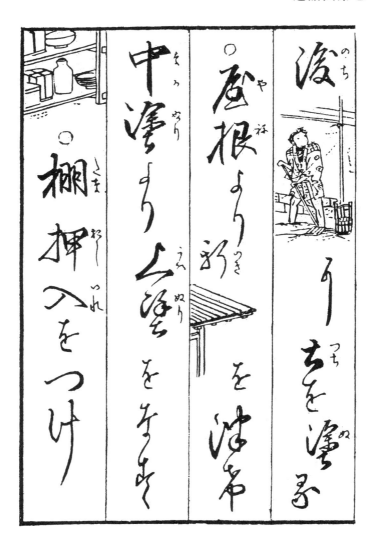

後《のち》に土《つち》を塗《ぬ》る

○屋根《やね》より軒《のき》をつけ

中塗《なかぬり》より上塗《うハぬり》をなす

○棚押入《たなおしいれ》をつけ

土のくずし

屋のくずし

軒のつくり「干」のくずし

上塗のくずし

棚のきへん、押のてへんの比較

爰《こゝ》建《たて》具《ぐ》を入《い》る

○我邦の家《いへ》は

木《き》多くつくり

西《せい》洋《やう》の家《いへ》は瓦《ぐわ》石《せき》多く

畳《たゝみ》建《たて》具《ぐ》を入《い》る

○我邦《わがくに》の家《いへ》は

木《き》にてつくり

西洋《せいやう》の家《いへ》は瓦石《ぐわせき》にて

畳のくずし

具は変体仮名で「く」となる

西のくずし

こゝむ。前《まへ》には机《つくゑ》を

用《も》ちゐ後《うしろ》には

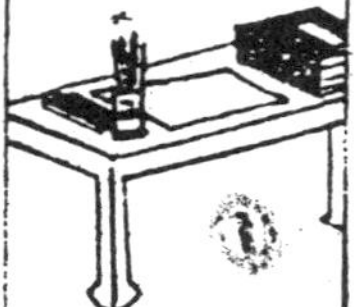

書《しよ》棚《だな》

据ゑく。机《つくゑ》には墨《すみ》硯《すゞり》

筆《ふで》紙《かみ》を

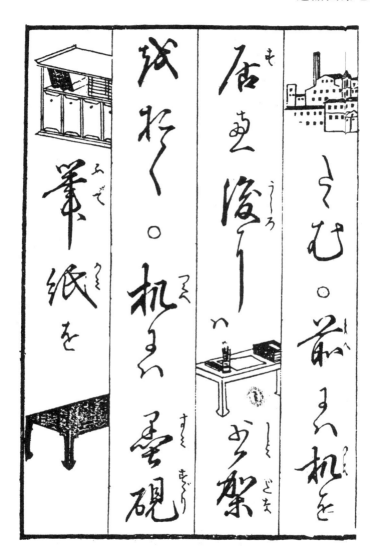

たゝむ。前《まへ》にハ机《つくへ》を
居《す》ゑ後《うしろ》にハ書架《しよだな》
をおく。机《つくへ》にハ墨硯《すみすゞり》
筆紙《ふでかみ》を

書のくずし
墨のくずし

載《の》せ置し

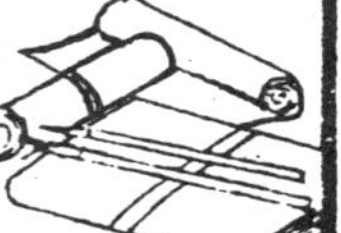

架《う》に

和《こ》漢《かん》西洋《せいやう》の

書《しよ》籍

積《つ》め置○庭《には》よへ

あまたの花《ちくさ》を栽《う》へ池《いけ》

載《の》せ書架《しよか》ニハ
和漢西洋《わかんせいやう》の書《しよ》を
積《つ》めり○庭《には》にハ
あまたの花《はな》を栽《う》へ池《いけ》

載の「車」のくずし
書のくずし
書のくずし
庭は異体字になっている

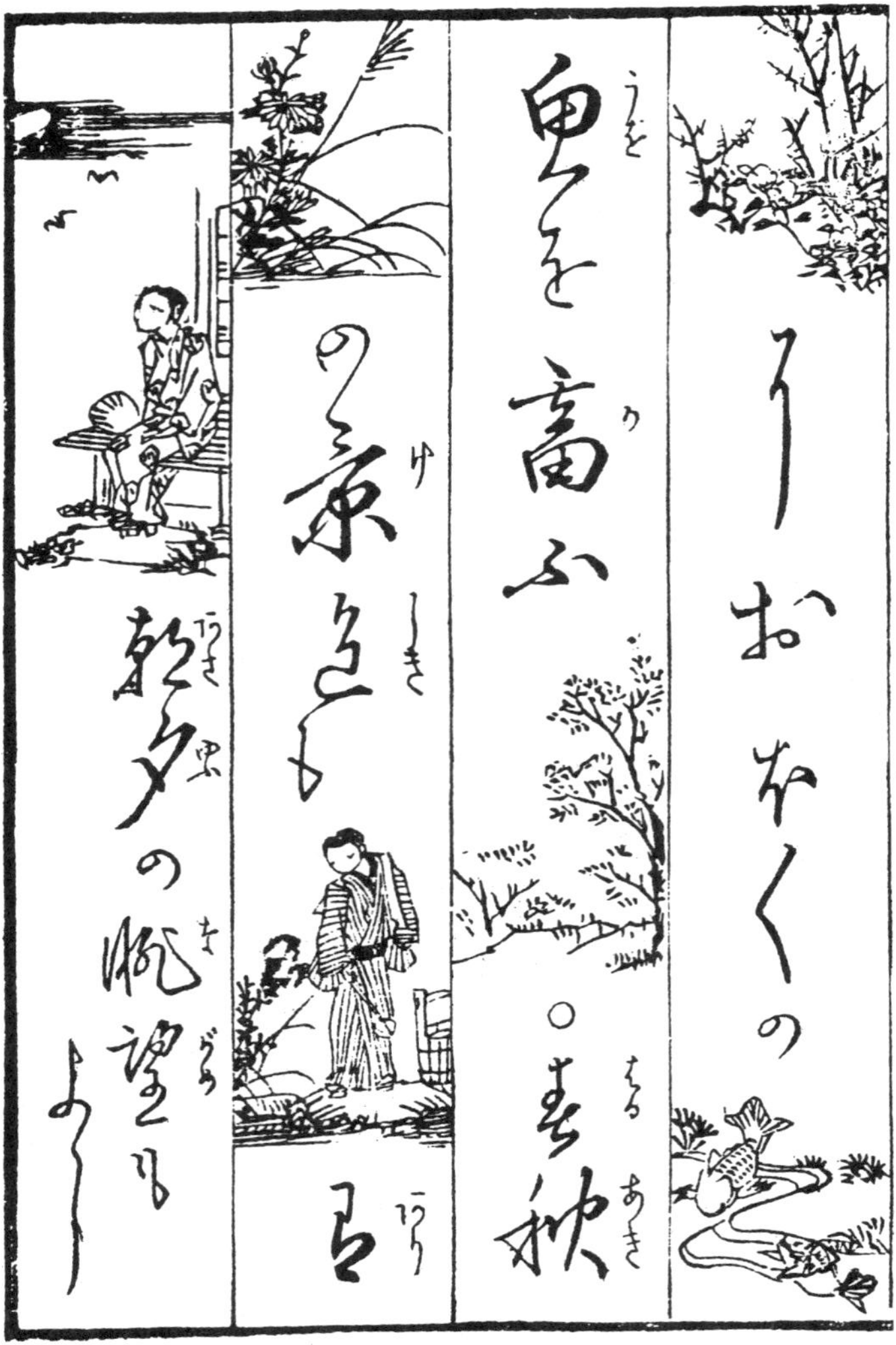

おほくの
魚《うを》を畜《か》ふ
○去《さる》秋《あき》
の景《け》色《しき》も
朝夕の眺望はよし

におほくの
魚《うを》を畜《か》ふ○春秋《はるあき》
の景色《けしき》も有《あり》
朝夕《あさゆふ》の眺望《ながめ》もよし

春のくずし
景色のくずし
有のくずし
朝の右の「月」のくずし
眺のくずし

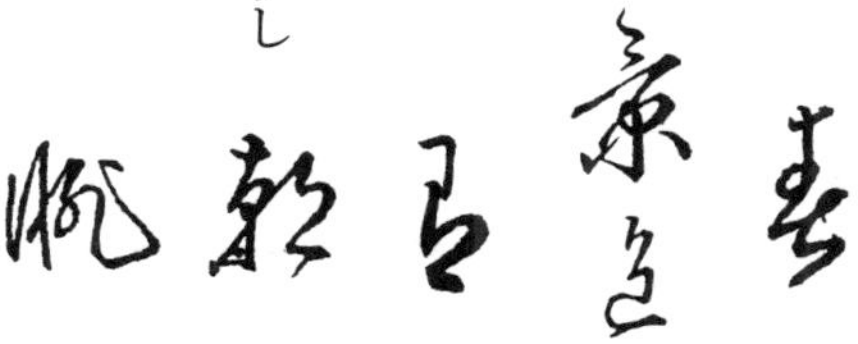

○朝《あさ》は五《ご》時《じ》に

起《を》き夜《よ》は

十時《じふじ》に

臥《ふ》す○働《はたら》く

時《とき》は労《らう》を

厭《いと》はず

食《しよく》するとき飽《はう》く

を求《もと》めすそ○賢《かしこ》き人《ひと》なれ

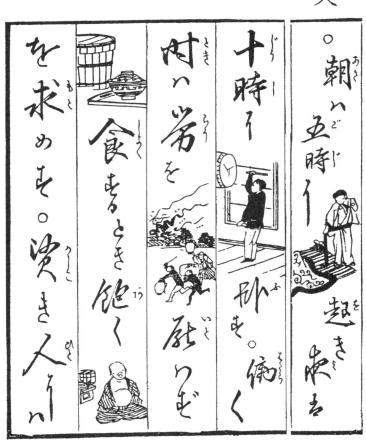

連語図第八

○朝《あさ》ハ五時《ごじ》に起《を》き夜《よ》は
十時《じうし》に臥《ふ》す○働《はたら》く
時《とき》ハ労《らう》を厭《いと》ハず
食《しよく》するとき飽《あ》く
を求《もと》めす○賢《かしこ》き人《ひと》にハ

夜の左側のくずし
臥の「臣」のくずし
時は異体字になっている
飽　しょくへんのくずし
賢の「臣」のくずし

事《がく》を習《なら》い愚《おろか》なる

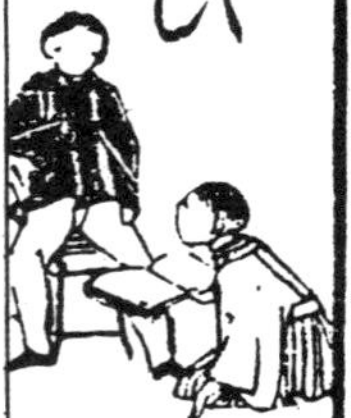

人《ひと》には

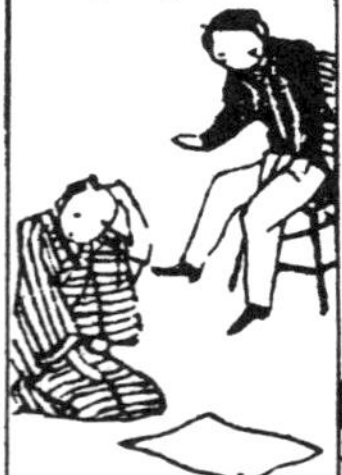

物《もの》を教《をし》ふ。

知《し》らぬ事《こと》はしり

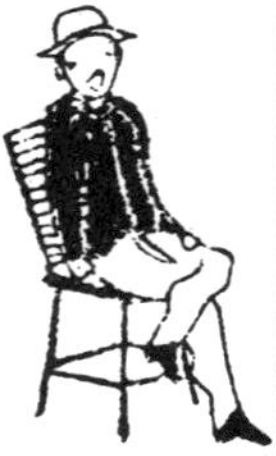

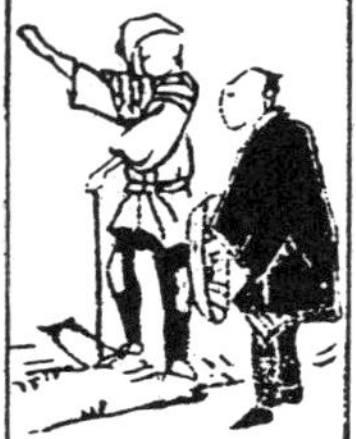

たる人《ひと》に問《と》ふ

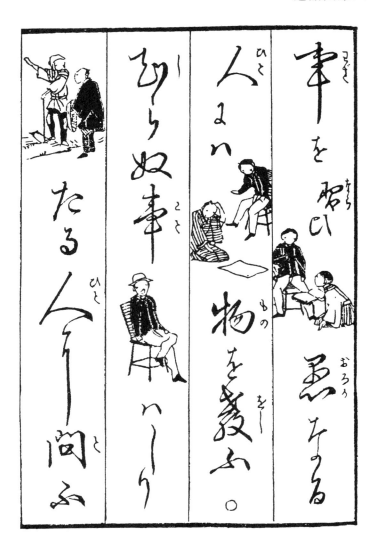

事《わざ》を習《なら》ひ愚《おろか》なる
人《ひと》にハ物《もの》を教《をし》ふ。
知《し》らぬ事《こと》ハしり
たる人《ひと》に問《と》ふ

愚のくずし
教のくずしは重要
知は変体仮名では「ち」となる

恥ぢ

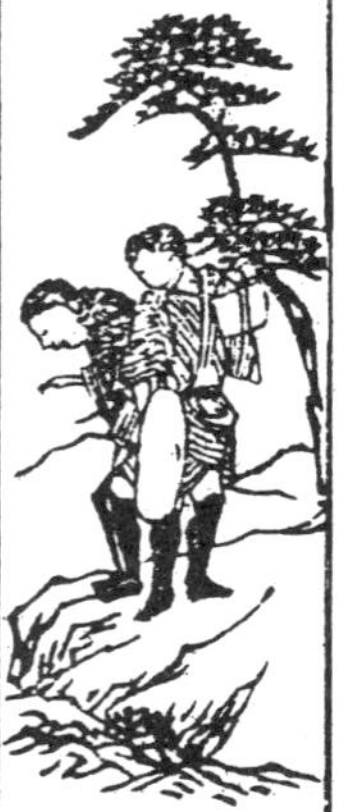

も○覚《おぼ》え

し

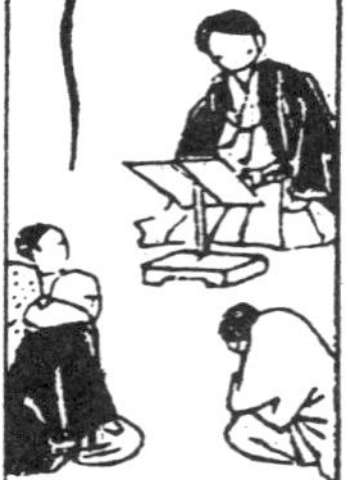

芸《げい》は覚《おぼ》えぬ

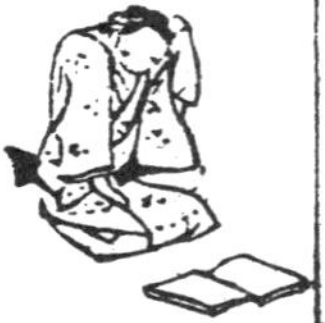

者《もの》は何するを厭《いと》ひも○急《きう》

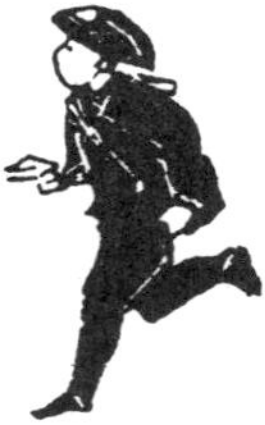

てし走《はし》るときは速《はや》けれ

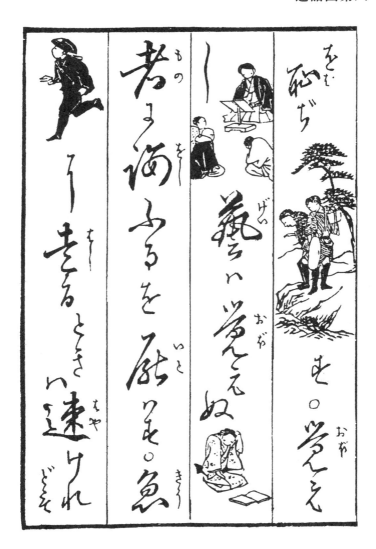

を恥《は》ぢす○覚《おぼ》え
し芸《げい》ハ覚《おぼ》えぬ
者《もの》に誨《をし》ふるを厭《いと》ハす○急《きう》
に走《はし》るときハ速《はや》けれども

恥のつくり「止」→耻は異体字
覚のくずし
藝→芸　旧字を新字に
誨の「毎」は「あ」に見える
走のくずし

躓《つまづ》くと有《いう》

緩《ゆる》く

歩《あゆ》むときハ遅《おそ》けれども

疲《つか》るゝを少《すくな》し

無《む》益《てき》の

物《もの》の飾《かざり》しと雖《いへども》翫《もてあそ》ぶべからず

有《う》用《よう》の不《ふ》粧《つや》しと雖《いへども》

棄《すつ》べからず

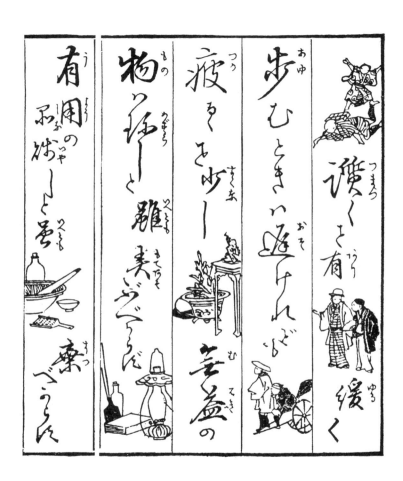

躓《つまつ》くこと有《あり》　緩《ゆる》く
歩《あゆ》むときハ遅《おそ》けれども
疲《つか》るゝこと少《すくな》し　無益《むえき》の
物《もの》ハ珍《めずら》しと雖《いへとも》弄《もてあそ》ぶべからず
有用《うよう》の品《しな》賤《いや》しと雖《いへとも》棄《すつ》べからす

躓　あしへんはごんべんに似ている
遅のくずし
無のくずしは重要
「こと」は合字
弥→珍の俗字
品のくずしは重要
雖は「隹」がない

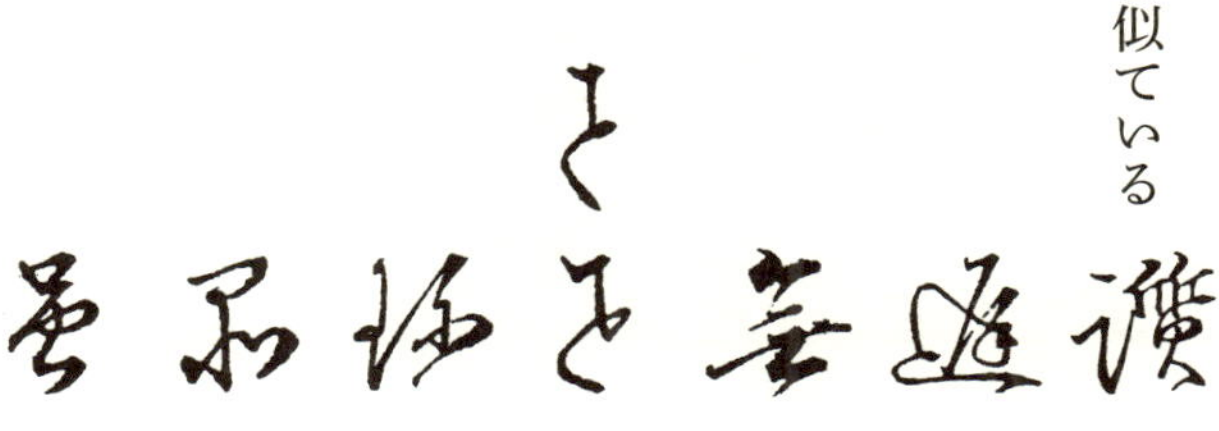

○まへを往前《まへ》はのこいそげハ

後《うしろ》ハ必《かならず》れるそうに

あまり左《ひだり》をのこし何くまで右《みぎ》ハ

必《かならず》ひきくる

○勉《つと》むる惰らぬ

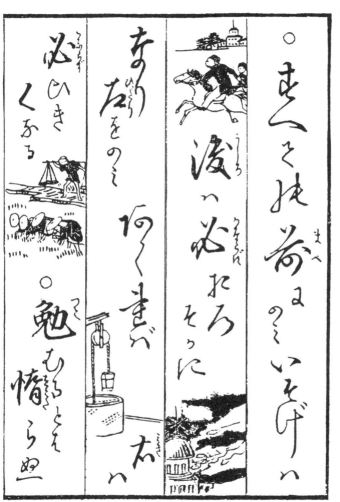

連語図第九

○すへての前《まへ》にのみいそげハ
後《うしろ》ハ必《かならず》おろそかに
なり左《ひだり》をのみあくれバ右《みき》ハ
必《かならず》ひきくなる○勉《つと》むるとは惰《をこた》らぬ

前のくずし

左と右の違い

左

右

ことく

惰《おこた》る とハ 勉《つと》め ぬ こと

勉《つ》むる 時《とき》ハ 一つくきも あり

易《やす》く 惰《おこた》る ときハ 易《やす》き ことも なり 難《がた》し

〇 早《はや》く 織《おふ》る 物《もの》

ハ 破《やぶ》れ 易《やす》く 遅《おそ》く

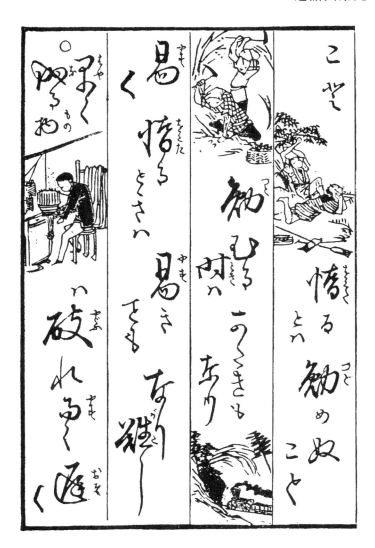

こと　惰《をこた》るとハ勉《つと》めぬこと
勉《つと》むる時《とき》ハかたきもなり
易《やす》く惰《をこた》るときハ易《やす》きこともなり難《がた》し
○早《はや》く成《な》る物《もの》ハ破《やぶ》れ易《やす》く遅《おそ》く

惰のりっしんべんのくずし
かたきは難きの意味
難のふるとり（隹）のくずし
早のくずし
易のくずし

なるものは

堅《けん》固《ご》なり長《ちやう》き小

はこれが反《そく》りて

短きより劣る

て

有《あり》猶き伐守《まも》まれ

遂《つい》に強《つよ》きを優《まさ》ることあり

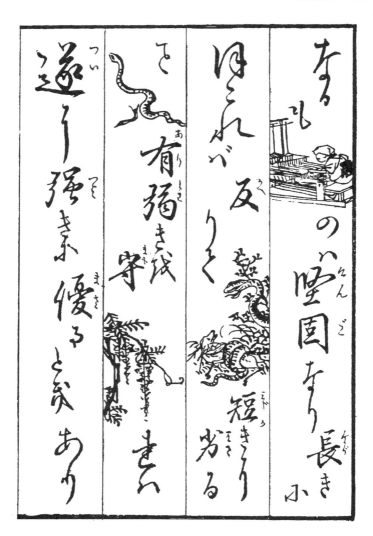

なるものハ堅固《けんご》なり　長《なが》きに
ほこれバ反《かへ》りて短《みじか》きに劣《おと》る
こと有《あり》　弱《よわ》きを守《まも》れハ
遂《つい》に強《つよ》きに優《まさ》るときあり

堅の「臣」のくずし

合字の「こと」

○勁《つよ》きものは折《を》るゝ事《こと》あり

柔《やはらか》なるものは曲《まが》るをもつて撓まず

折《を》れざるは剛《がう》の徳《とく》曲《まが》らず

逆らはざるは柔《じう》の徳《とく》なり

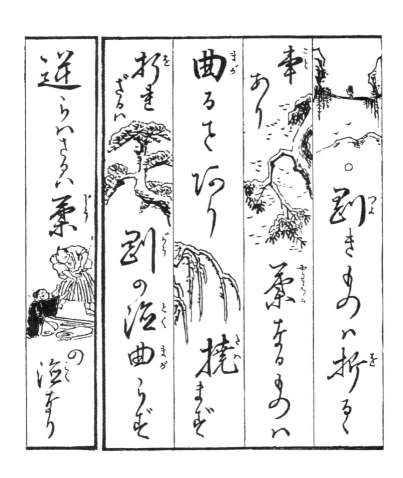

○剛《つよ》きものハ折《を》るゝ
事《こと》あり　柔《やわらか》なるものハ
曲《まが》ることあり　撓《たハ》まず
折《を》れざるハ剛《ごう》の徳《とく》曲《まが》らず
逆《さか》らハさるハ柔《じう》の徳《とく》なり

剛の「岡」のくずし
柔のくずし
合字の「こと」
折の「斤」のくずしは重要
徳のくずしは重要
逆のくずし

連語圖第十

秤《はかり》目《め》も十《じう》毛《もう》を一釐《りん》といふ。十釐《りん》を一分《ぶん》といひ十分《ぶん》を一匁《もんめ》といふ

○千《せん》匁《もんめ》を一《いつ》貫《くわん》目《め》といふなり

○尺《さし》の名《な》は十毛《もう》を一釐《りん》といひ。十釐《りん》を一分《ぶん》といひ

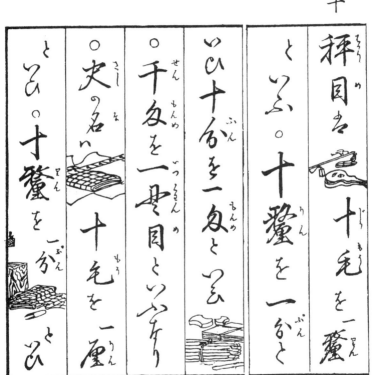

連語図第十

秤目《はかりめ》は十毛《じうもう》を一釐《りん》といふ○十釐《りん》を一分《ぷん》といひ十分《ふん》を一匁《もんめ》といひ○千匁《せんもんめ》を一貫目《いつくわんめ》といふなり○尺《さし》の名《な》ハ十毛《もう》を一厘《りん》といひ十釐《りん》を一分《ぷん》といひ

分のくずし

貫の「貝」のくずし

長さ	
	一丈＝約 3m
	一尺＝約 30cm
	一寸＝約 3cm
	一分＝約 3mm
	一釐＝約 0.3mm
	一毛＝約 0.03mm

重さ	
	一貫＝ 3.75kg
	一匁＝ 3.75g
	一分＝ 0.375g
	一釐＝ 0.0375g
	一毛＝ 0.00375g

○十分《ぶん》を一寸《すん》といふ○十寸《すん》

我一尺《しやく》といひ○十尺《しやく》を

一丈《じやう》といふ

なり

○枡《ます》目《め》ハ十《じゆ》才《さい》を一勺《いつしやく》といふ

○十分《ぶん》を一寸《すん》といふ○十寸《すん》を一尺《しやく》といひ○十尺《しやく》を一丈《いちじやう》といふなり
○升目《ますめ》八十才《じゆさい》を一勺《いつしやく》といふ

升のくずし

○十勺《しやく》を一合《がふ》といふ

○十合《がふ》を一升《しやう》といひ

十升《しやう》を一斗《とう》と

といひ○十《じゆ》斗《とう》

を一斛《こく》といふ

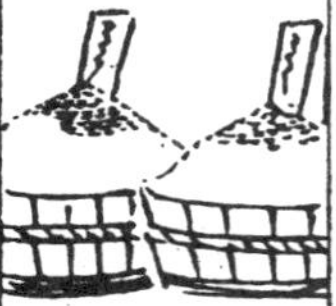

○地割《ちわり》は

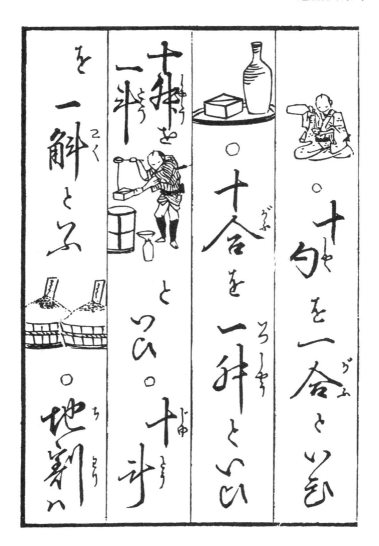

○十勺《しやく》を一合《がふ》といひ
○十合《がふ》を一升《いつしやう》といひ
十升《しやう》を一斗《とう》といひ○十斗《じゆとう》
を一斛《こく》といふ○地割《ちわり》ハ

升のくずし

容積	一斛＝	180リットル
	一斗＝	18リットル
	一升＝	1.8リットル
	一合＝	0.18リットル
	一勺＝	0.018リットル
	一才＝	0.0018リットル

六《ろく》尺《しやく》四《し》方《はう》

を一《ひと》坪《つぼ》

といひ又《また》一《いち》歩《ぶ》といふ

○三《さん》十《じう》歩《ぷ》を

一《ひと》畝《せ》といふ

○十《と》畝《せ》を一《いち》段《だん》といふ

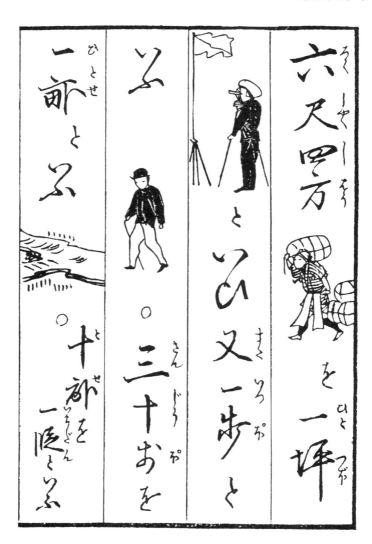

六尺《ろくしやく》四方《しはう》を一坪《ひとつぼ》
といひ又《また》一歩《いつぽ》と
いふ○三十歩《さんじうぽ》を
一畝《ひとせ》といふ○十畝《とせ》を一段《いちだん》といふ

歩のくずし

段のくずしは重要

面積　一町＝ 9900㎡＝約 1ヘクタール（1ha）
一段＝ 990㎡
一畝＝ 99㎡＝約 1アール（1a）
一坪＝ 3.3㎡＝一歩

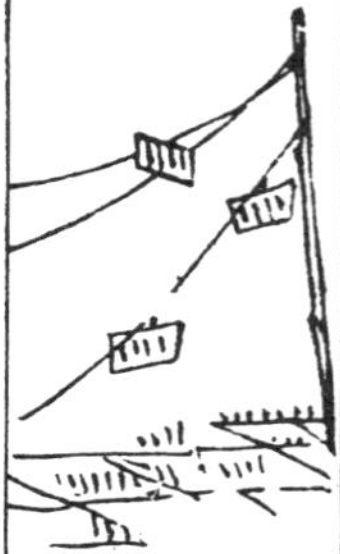

十《じう》仭《じん》を一《いつ》町《ちやう》といふ
間《けん》を一《いつ》町《ちやう》

○路程《みちのり》ハ六《ろく》十《じふ》

といひ○三《さん》十《じふ》六《ろく》町《ちやう》を一《いち》
里《り》といふ

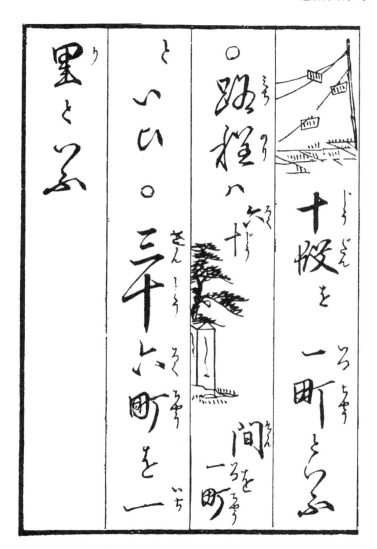

十段《じうだん》を一町《いつちやう》といふ
○路程《みちのり》ハ六十間《ろくじうけん》を一町《いつちやう》
といひ○三十六町《さんしうろくちやう》を一《いち》
里《り》といふ

路の「各」のくずし

六のくずし

距離
一里＝約 4 km
一町＝約 109 m
一間＝約 1.8 m

Ⅳ 初学入門（小學連語圖）

ここでは、いままで学んできた「ひらがな」と「漢字」のくずし字が、確実に身に付いているのかを確認していきます。

『小学連語図』という基礎的な日本語の短文を集めたものを読んでいきます。解読文の太字になっている文字（変体仮名・漢字の旧字・俗字）が読めていれば、もうあなたは初級レベルの実力に達しています。

小學連語圖　第一

はなさく○みむすぶ○うをのひれ○とりのはね○火はあつし○水はつめたし○本はよむ○すみをする○机のうへに本あり硯のなかに水なし○紙はうすくしてこのまし○石盤はあつくしておもし○庭には花をうゑ○池には魚をかふ○此處の家はせまくして彼處の庭はひろし○此の梢はやゝ高く彼の枝はもつともひくし

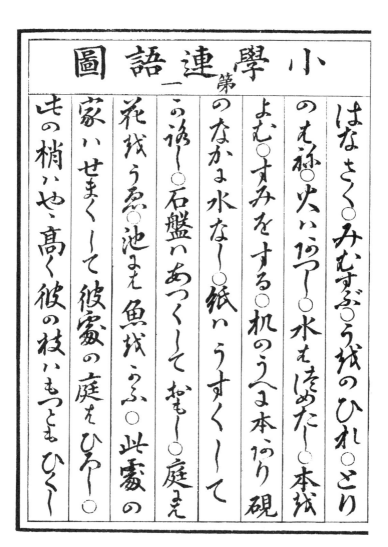

小学連語図　第一

はなさく○みむすぶ○うを**を**のひれ○とり
の**はね**○火ハ**あ**つし○水**はつ**めたし○本**を**
よむ○すみをする○机のうへ**に**本**あ**り硯
のなか**に**水なし○紙ハうすくして
かろし○石盤ハあつくしておもし○庭**には**
花**を**うゑ○池**には**魚**をか**ふ○此**処**の
家ハせまくして彼**処**の庭**は**ひろし○
此の梢ハやゝ高く彼の枝ハもつともひくし

處は処の旧字

小學連語圖 第二

日は出るところを　東といひ　入る方を
西といふ　東にむかへば　右ハ南にて　左ハ北なり
○日の出る間を　晝といひ　日のくれて後を
夜といふ○春の園にハ　花ひらき　秋の野にハ
蟲なく○去年の夏ハ　いとあつくして　雷多く
今年の冬ハ　さむけれど　雪少し○
暑き時ハ　窓をひらきて　風をいれ
寒き日にハ　爐によりて　身をあたゝむ

小学連語図　第二

日の出るかたを東といひ入る方を
西といふ　東にむかへば右ハ南にして左ハ北なり
○日のある間を昼といひ日のくれて後を
夜といふ○春の園には花ひらき秋の野には
虫なく○去年の夏ハあつくして雷多く
今年の冬ハさむけれど雪少し○
暑き時は窓をひらきて風をいれ
寒き日には炉によりて身をあたゝむ

晝は昼の旧字

蟲は虫の旧字

爐は炉の旧字

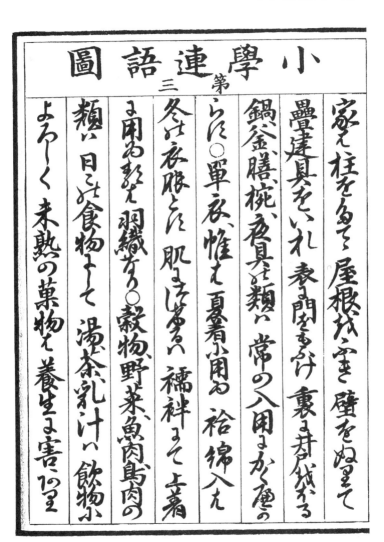

小學連語圖

第三

家ハ柱をたてて屋根をふき壁をぬりて疊建具をいれ表ニ門をもうけ裏ニ井戸をほる鍋、釜、膳、椀、夜具の類ハ常の入用にかくべからぬ○單衣、帷ハ夏着ニ用ゐ袷綿入ハ冬の衣服とす肌にきるハ襦袢とて上着ニ用ゐる物ハ羽織なり○穀物、野菜、魚肉、鳥肉の類ハ日々の食物にして湯、茶、乳汁ハ飲物なりよろしく未熟の菓物ハ養生に害あり

小学連語図　第三

家は柱をたてゝ屋根をふき壁をぬりて
畳建具をいれ表に門をもふけ裏に井戸をほる
鍋、釜、膳、椀、夜具の類ハ常の入用にかくへか
らす。単衣、帷は夏着に用ゐ　袷　綿入は
冬の衣服とす　肌につけるハ襦袢にて上着
に用ゐるは羽織なり。穀物、野菜、魚肉、鳥肉の
類ハ日々の食物にして湯、茶、乳汁ハ飲物に
よろしく未熟の菓（→果）物は養生に害あり

疊は畳の旧字

單は単の旧字

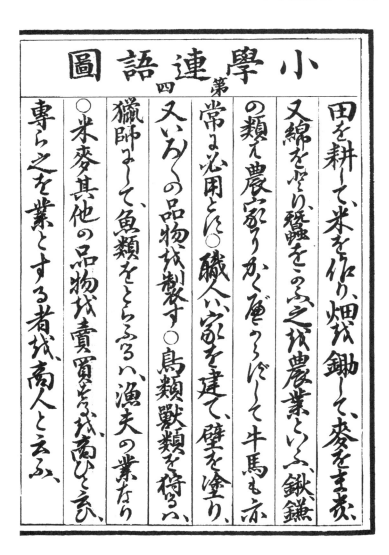

小學連語圖 第四

田を耕して、米を作り、畑を鋤して、麥をまき、又綿を作り、蠶をかふ、之を農業といふ、鍬、鎌の類は農家にかくべからざるの器にして牛馬も亦常に必用とす○職人は、家を建て、壁を塗り、又いろ〳〵の品物を製す○鳥類獸類を猟るは、獵師にして、魚類をとらふるは、漁夫の業なり○米麥其他の品物を賣買するを商ひと云ひ、專ら之を業とする者を、商人と云ふ、

小学連語図　第四

田を耕して、米を作り、畑を鋤して、麦をまき、又綿をとり、蚕をかふ、之を農業といふ、鍬、鎌の類は農家にかくべからずして牛馬も亦常に必用とす○職人ハ、家を建て、壁を塗り、又いろ〳〵の品物を製す○鳥類獣類を狩るハ、猟師にして、魚類をとらふるハ、漁夫の業なり○米麦其他の品物を売買するを、商ひと云ひ、専ら之を業とする者を、商人と云ふ、

麥は麦の旧字
蠶は蚕の俗字
獸は獣の旧字
獵は猟の旧字
賣は売の旧字

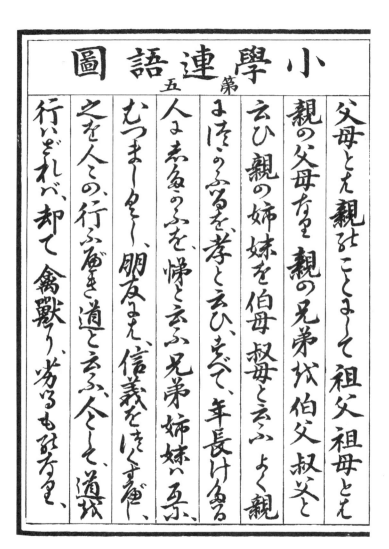

小學連語圖

第五

父母とも親のことにして祖父祖母とも親の父母なり 親の兄弟は伯父叔父と云ひ親の姉妹を伯母叔母と云ふ よく親につかふるを、孝と云ひ、すべて、年長けたる人につかふを、悌と云ふ兄弟姉妹は互に、むつまじくし、朋友は、信義をつくすべし、之を人との、行ふべき道と云ふ、人として、道は行はざれば、却て禽獣より、劣るものなり、

小学連語図　第五

父母とは親のことにして祖父　祖母とは
親の父母なり　親の兄弟を伯父　叔父と
云ひ親の姉妹を伯母　叔母と云ふ　よく親
につかふるを、孝と云ひ、すべて、年長けたる
人にしたかふを、悌と云ふ　兄弟姉妹ハ互に、
むつましくし、朋友には、信義をつくすべし、
之を人々の、行ふべき道と云ふ、人として、道を
行ハざれバ、却て禽獣に、劣るものなり、

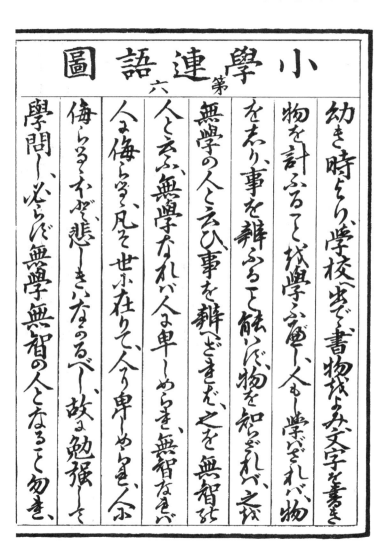

小學連語圖

第六

幼き時より、學校へ出で、書物をよみ、文字を書き物を計ふることを學ぶべし、人もし學ばざれバ、物を知り、事を辨ふること能はず、物を知らざれバ、之を無學の人と云ひ、事を辨へざれバ、之を無智の人と云ふ、無學なれバ人に卑しめられ、無智なれバ人に侮られ、凡そ世に在りて、人に卑しめられ、人に侮らるゝほど、悲しきはなかるべし、故に勉強して學問し、必らず無學無智の人となること勿れ、

小学連語図　第六

幼き時より、学校へ出でゝ、書物をよみ、文字を書き
物を計ふることを学ふべし、人もし学バざれバ、物
をしり、事を弁ふること能ハず、物を知らざれバ、之を
無学の人と云ひ、事を弁へざれば、之を無智の
人と云ふ、無学なれバ人に卑しめられ、無智なれバ
人に侮らるゝ、凡そ世に在りて、人に卑しめられ、人に
侮らるゝほど、悲しきハなかるべし、故に勉強して
学問し、必らず無学無智の人となること勿れ、

「こと」は合字

辨は弁の旧字

V 初学教養（童蒙《どうもう》初學）

いよいよ実力を試す最終章です。解読教材は明治時代初期に子供たちのため（童蒙）の初学書として出版された『童蒙初学』（橋爪貫一著）を取り上げました。教養的知識と道徳的な内容がつづられています。

解読文の下の「内容の補足」はしっかり確認しておいてください。

四方之事

天《てん》地《ち》日《じつ》月《げつ》東《とう》西《ざい》南《なん》北《ぼく》我《われ》人《ひと》とも
まきたを背《せ》に南《みなみ》に向《むかひ》て右《みぎ》と
左《ひだり》に指《ゆび》さす方ハ左《ひだり》東《ひがし》右《みぎ》ハ西《にし》地《ち》
球《きう》東《ひがし》に傾《かたむ》くハ日輪《にちりん》ハ東より昇《のぼ》
るかノ如《ごと》く之《これ》を晝《ひる》とし倍《ます》し地《ち》

四方之事

天《てん》地《ち》日月《じつげつ》　東西南北《とうざいなんぽく》我人《われひと》とも
にきたを背《せ》に南《みなみ》に向《むかひ》て右《みぎ》と
左《ひだり》に指《ゆび》させハ左《ひだり》は東《ひがし》右《みぎ》ハ西《にし》　地《ち》
球《きう》東《ひがし》に傾《かたむ》けハ日輪《にちりん》さなから昇《のぼ》
るか如《ごと》く之《これ》を昼《ひる》とし倍々《ます〱》地《ち》

内容の補足

きた＝北

左のくずし注意

傾のおおがい（頁）のくずし↓163頁参照

球《きう》東《ひがし》はかくむき追《つい》ふ日輪《にちりん》位《い》まはるか如《ごと》し是《これ》を夜《よる》とし昼夜《ちうや》合《あハ》せて二十四時《ふじうしとき》一時《いちじ》を即《すなハ》ち六《ろく》十分《じうみぬくど》一《いち》分《ぶん》時《じ》とハ六十《ろくじう》秒《せこんど》積《つも》りて終《つい》に一《いち》ヶ月《げつ》十二《じうに》集《あつ》めて一《いち》ヶ年《ねん》日《ひ》数《かず》ハ三百六十五《さんびやくろくじうご》日《にち》人《にん》間《げん》

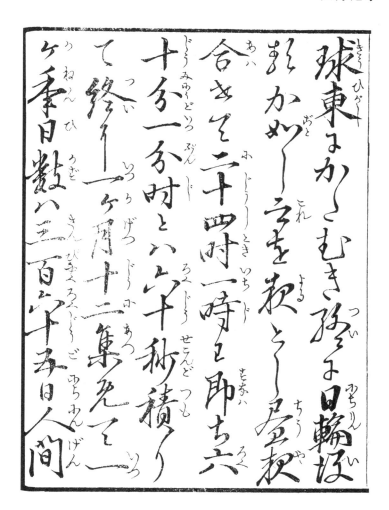

球東《きうひがし》にかたむき終《つい》に日輪《にちりん》没《い》
るか如《ごと》し之《これ》を夜《よる》とし昼夜《ちうや》
合《あハ》せて二十《にじう》四時《しとき》一時《いちじ》わ即《すなハ》ち六《ろく》
十分《じうみにうど》一分時《いつぷんじ》とハ六十秒《ろくじうせこんど》　積《つも》り
て終《つい》に一ヶ月《いつかげつ》十二《じうに》集《あつ》めて一《いつ》
ヶ年《かねん》日数《ひかず》ハ三百六十五日《さんびやくろくじうごにち》人間《にんげん》

助詞の「は」を「わ」と記しています

「みにうど」はミニット（分）、「せこんど」はセコンド（秒）ですね

秊は年の異体字

僅《わづ》々五十《ごどう》年《ねん》稚《おさな》き時《とき》に起《おこ》し
らは老《かい》了怖《ふゆ》名も又甲《まくろ》乙《ひ》叟授く
知事

僅《わづ》か五十年《ごじうねん》稚《おさな》き時《とき》に怠《おこ》たらは老《おい》て悔《くゆ》るも又《また》甲斐《かひ》そなき

人生わずか五十年と記しています

【解読力アップ情報】

158頁の「傾」のつくり　頁（おおがい）と彡（さんづくり）と欠（あくび）のくずしは  となります。また「月」「亦」「阝」のくずしは  となります。この違いをマスターしておきましょう。

太陽暦之事

太《たい》陽《やう》といふ日輪《にちりん》のことなり太陰《たいいん》といふ月《つき》のことなり暦《れき》といふはよみのことなり扨《さて》これ迄《まで》用《もちひ》しはよそこゝ太《たい》陰《いん》暦《れき》とて月《つき》をもとはして立《たて》たるこよみなれ

太陽暦之事

太陽《たいやう》とハ日輪《にちりん》のことなり太陰《たいいん》とわ月《つき》のことなり暦《れき》とハこよみのことなり扨《さて》これ迄《まで》用《もちひ》しこよみわ太陰暦《たいいんれき》とて月《つき》をもとにして立《たて》たるこよみなれ

内容の補足

ここでは大陽・大陰になっています
新暦は太陽暦です
旧暦は太陰太陽暦です
迠は迄の異体字

ハ去年《きよねん》の何月《なんぐわつ》何日《なんにち》と書とし此を又日《ひ》とハたゞ唱《とな》へのミ同《おな》しことなれども四季《しき》の節《せつ》ハ些《ちと》も相違《さうゐ》なきゆへに入《つ》梅《ゆ》土《ど》用《よう》彼《ひ》岸《がん》なとして農《のう》業《ぎやう》、の節《せつ》も暦《こよみ》を見《み》されハ叶《かな》はぬハ去年《きよねん》の何月何日《なんげつなんにち》とことしのその日《ひ》とハたゝ唱《とな》へのみ同《おな》しこととなれとも四季《しき》の節《せつ》ハ必《かな》らす相違《さうゐ》せりゆへに入《つ》梅《ゆ》土用《どよう》彼岸《ひがん》なとゝて農業《のうぎやう》の節《せつ》わ暦《こよみ》を見《み》されハ叶《かな》わぬ

旧暦と新暦では季節感が違います

遠は違の異体字

此ごく有まり旦《くろ》すし黒《くろ》日《び》白《しろ》日《び》などゝつまらぬ吉《きつ》凶《きやう》を記《しる》したれハ迷《まよ》ひの種《たね》をまして不都《つ》合《がう》もつとも多《おほ》し故《ゆゑ》に此《この》度《たび》太《たい》陽《やう》暦《れき》に改《あらた》められたり此《この》太《たい》陽《やう》暦《れき》ハ日《にち》輪《りん》と地《ち》球《きう》とを照《て》

ことゝなれり且《かつ》また黒日《くろび》白《しろ》
日《び》のとてつまらぬ吉凶《きつきやう》を記《しる》
したれハ迷《まよ》ひの種《たね》をまして
ふ都合《つがう》もつとも多《おほ》し故《ゆへ》に此《この》
度《たび》太陽暦《たいやうれき》に改《あらた》められたり此《この》
太陽暦《たいやうれき》ハ日輪《にちりん》と地球《ちきう》とを照《て》

黒日とは第一の凶日で忌み嫌われました

「ふ」は「不」のくずしにもなります

らし合《あい》を見てその互《たがひ》に釣《つ》り合《あひ》ふところをもて一年《いちねん》の日《ひ》数《かず》を定《さだ》めたるものゆへ春《しゆん》夏《か》秋《しう》冬《とう》寒《かん》暖《だん》のちがひも毎《まい》年《ねん》異《こと》なる事なしたとへハことしの三月《さんぐわつ》廿一日《にじふいちにち》彼岸《ひがん》なれハ来《らい》年《ねん》の三月《さんぐわつ》

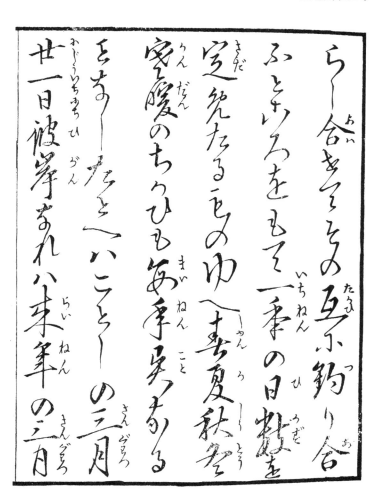

らし合《あハ》せてその互《たかひ》に釣《つ》り合《あ》
ふところをもて一年《いちねん》の日数《ひかず》を
定《さだ》めたるものゆへ春夏秋冬《しゆんかしうとう》
寒暖《かんだん》のちかひも毎年異《まいねんこと》なる
ことなしたとへハことしの三月《さんぐわつ》
廿一日《にじういちにち》彼岸《ひがん》なれハ来年《らいねん》の三月《さんぐわつ》

𢈘は異の異体字

「こと」は合字になっています

廿は二十とせずそのままに

二十一日も亦《また》てうと彼《ひ》岸《がん》にあたり其《その》他《た》の時《じ》候《こう》も皆《み》な同《おな》じことなれハ種《たね》をまくも稲《いね》を刈るにも己めしきりよきを出《いく》さしても節《せつ》を見《み》るに及《およ》ざに数《いくつ》て便《べん》利《り》宜《よろ》しきことなり又《また》四《し》季《き》ハ

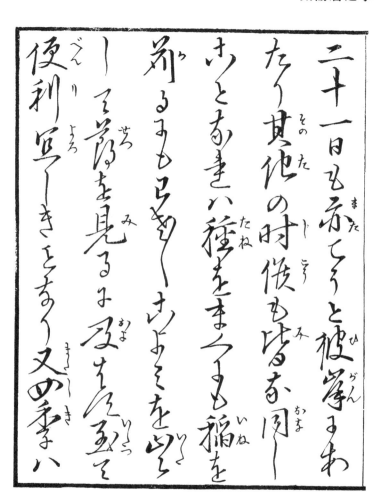

二十一日も亦《また》てうと彼岸《ひがん》にあたり其他《そのた》の時候《じこう》も皆《み》な同《おな》しことなれハ種《たね》をまくにも稲《いね》を苅《か》るにもわさ〱こよみを出《いた》して節《せつ》を見《み》るに及《およ》はす至《いたつ》て便利冝《べんりよろ》しきことなり又《また》四季《しき》ハ

「てうと」は「ちょうど」のことです

二文字のくりかえしは〱で

冝は宜の俗字

三月四月五月を春《はる》とし六月七月八月を夏《なつ》とし九月十月十一月を秋《あき》とし十二月一月二月を冬《ふゆ》としこの十二ヶ月を合《あハ》せて一年《いちねん》としその日数《ひかず》ハ平年《へいねん》なれハ三百六十五日

三月四月五月を春《はる》とし六月
七月八月を夏《なつ》とし九月十月
十一月を秋《あき》とし十二月一月
二月を冬《ふゆ》としこの十二ヶ月
を合《あハ》せて一年《いちねん》としその日数《ひかず》
ハ平年《へいねん》なれハ三百六十五日

旧暦では一月～三月が春
四月～六月が夏
七月～九月が秋
十月～十二月が冬

とし閏《じゅん》年《ねん》なるハ三百六十六日とす其よりも理程月の大小并《ならび》ニ閏《じゅん》年《ねん》及《およ》び七《しち》曜《よう》日《び》のぬりかく等《とう》ハ次《つぎ》の歌《うた》を見《み》て知るべし

とし閏年《じゅんねん》なれハ三百六十六日とすることなり猶《なほ》月の大小幷《ならび》に閏年《じゅんねん》及《およ》ひ七曜日《しちようび》のめりかた等《とう》ハ次《つき》の歌《うた》を見《み》てしるへし

閏年とはうるう年のことです
閏のもんがまえ（門）のくずしは注意

太《たい》陽《やう》暦《れき》の大小を早《はや》く覚《おぼ》ふる歌《うた》
二三五七八十や十二月日数
三十一日と知りき
二月のミ廿八日四六九と十
一月ハ日かく三十
あまりく閏《じゅん》年《ねん》を志る歌《うた》

太陽暦《たいやうれき》の大小を早《はや》く覚《おぼ》ふる歌《うた》

一三五七八十や十二月日数
三十一日と知れ
二月のみ廿八日四六九と十
一月八日かつ三十
おなしく閏年《じゆんねん》をしる歌《うた》

内容の補足

いわゆる「にしむくさむらい」ですね

壬は閏の異体字

閏年ハ四年に一度その時

ハ二月の末に一日を増し

七曜日

日曜日《にちようび》《サンデイ》　月曜日《げつようび》《モンデイ》　火曜日《くわようび》《チユウスデイ》

水曜日《すいようび》《エンスデイ》　木曜日《もくようび》《サアスデイ》　金曜日《きんようび》《フライデイ》

土曜日《どようび》《サタデイ》

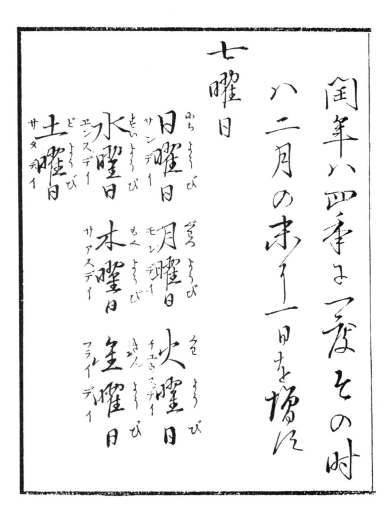

閏年ハ四年に一度その時
ハ二月の末に一日を増す

七曜日

日曜日《にちようび》《サンデイ》　月曜日《ぐわつようび》《モンデイ》　火曜日《くわようび》《チユウスデイ》
水曜日《すいようび》《ヱンスデイ》　木曜日《もくようび》《サアスデイ》　金曜日《きんようび》《フライデイ》
土曜日《どようび》《サタデイ》

ルビ「ぐわつ」「くわ」
は「げつ」「か」ですね

これは順《じゅん》序《じょ》を知《し》る歌《うた》

七曜ハ日月火水木金土初

めにかへり又週るなり

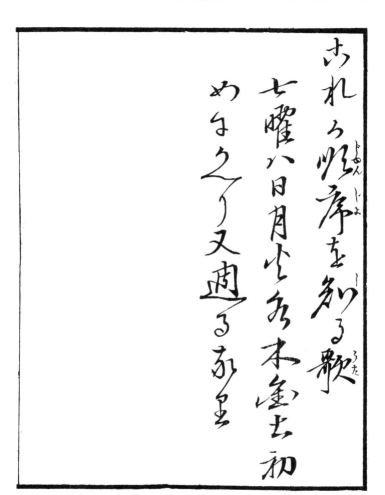

これら順序《じゅんじょ》を知《し》る歌《うた》

七曜ハ日月火水木金土初

めにかへり又週るなり

週るは「めぐる」と読みます

【知っておきたい情報】 旧暦と新暦の違い

年齢の数え方　旧暦は生まれたら一歳（かぞえ年）　新暦は○歳（満年齢）として数えます。

一ヶ月の日数　旧暦は三十日（大の月）か二十九日（小の月）のどちらかなので三十一日というのはありません。

閏年（うるうどし）旧暦では十九年に七回（これを十九年七閏法といいます）、十三ヶ月の年があります。

子供の心得

夫《そ》れ親《おや》と子《と》をおしへ育《そだ》つるハ親の務《つとめ》あれハ又《また》子《こ》ハ親《おや》を尊《たつと》ミ敬《うやま》ひてその仰《おほせ》にしたかふへきの務《つとめ》あり父《ちゝ》ハ家《いへ》の長《おさ》にして母《はゝ》ハそれに

子供の心得

夫《そ》れ親《おや》わ子《こ》をおしへ育《そだ》つへ
きの務《つとめ》あれハ又《また》子《こ》ハ親《おや》を尊《たつと》
み敬《うやま》ひてその仰《おほせ》にしたかふ
へきの務《つとめ》あり
父《ちゝ》ハ家《いへ》の長《おさ》にして母《ハゝ》ハそれに

内容の補足

助詞の「は」を「わ」と記しています

家父長制も今は昔ですね

つゞものありゆへに家族《かぞく》また引廻《ひきまは》してやうゝハ子孫をの子《ね》随《したが》ふべし殊《こと》に子《と》たるものハ父《ふ》母《ぼ》の命《おほせ》をかたく守《まも》るべし

孝順《かうじゅん》とハ父《ちゝ》母《はゝ》乃意《ゐ》に随ふ

つぐものなりゆへに家族《かぞく》
を引廻《ひきまわ》してやからハみなそ
の意《ゐ》に従《したが》ふべし殊《こと》に子《こ》たる
ものわ父母《ふぼ》の命《おほせ》をかたく守《まも》
るべし
孝順《かうじゆん》とハ父母《ちゝハヽ》の意《ゐ》にさから

やから（族）は一家一門の意

こねやうつれり家《かこ》ゐ疏いひ不《ふ》
性《じせん》をハ父《ふ》母《だ》のいまし免なま
あゝりす又《また》ハそれ命《おほせ》を掛むく人
疏いふ
父《ふ》母《ぼ》のいましめを掛ろ子《こ》ハ
おゝよりきたるをころ生補《おきな》ふた

わぬやうに行《おこ》なふをいひ不《ふ》
順《じゅん》とハ父母《ふぼ》のいましめをま
もらす又《また》ハその命《おほせ》にそむく
をいふ
父母《ふぼ》のいましめわその子《こ》の
およハさるところを補《おきな》ふた

行のくずしは注意

兒を設《もう》くるより若《も》し出生
なきかふる時《とき》ハ父《ふ》母《ぼ》の
歎き孫哉之是へ志むすれのみ
あくハ常《つね》よ方の者孫不《ふ》孝《かう》も
これより出《で》来《き》るものなり
父《ふ》母《ぼ》ハ我《われ》を育《そだ》てかくつその年《とし》

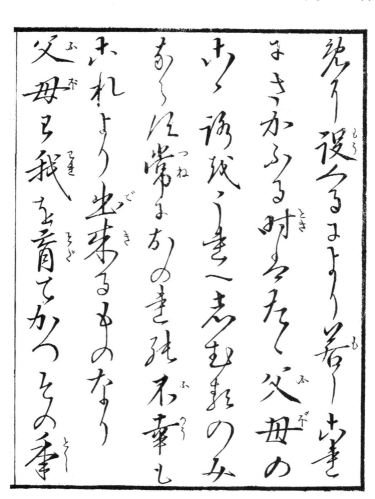

めに設《もう》くるにより若《も》しこれ
にさかふる時《とき》はたゝ父《ふ》母《ぼ》の
こゝろをうれへしむるのみ
ならす常《つね》におのれの不《ふ》幸《かう》も
これより出《で》来《き》るものなり
父《ふ》母《ぼ》わ我《われ》を育《そだ》てかつその年《とし》

もこれより達《たつ》人其《その》智《ち》恵《ゑ》も我《これ》よりまさまるにより道《どう》理《り》につひて出来糺論《ろん》ずるにこれを指《さし》図《づ》すべきれ此権《けん》あるものゝまあるは国《こく》の法《はつ》度《と》においても子の悪《あし》きを糺すし又は親《おや》

もわれより高《たか》く其智恵《そのちゑ》も我《われ》
よりまされるにより道理《どうり》に
つひてこれを論《ろん》ずるにわれ
を指令《さしづ》すへきの権《けん》あるのみ
にあらす国《くに》の法度《はつと》におひて
も子の悪《あし》きことをなし又《また》ハ親《おや》

高・其のくずしは注意

國は国の旧字です

「こと」は合字になっています

の命《めい》をきかふときハ父《ふ》母《ぼ》怪
一路《ろうた》へ出《いで》て志かハぐく我子《と》生
おしけめる権《けん》あ里
天《てん》ふ我《これ》ニ性《せい》命《めい》をさづく我《これ》を
すもまた幸《さいはひ》をあたふるもの
ゆへニこれを生殺あかんめう

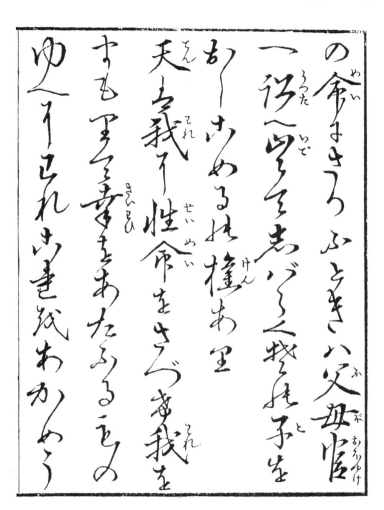

の命《めい》にさかふときハ父母《ふぼ》 官《おほやけ》
へ訟《うつた》へ出《いで》てしバらくその子《こ》を
おしこめるの権《けん》あり
天《てん》は我《われ》に性命《せいめい》をさづけ我《われ》を
まもりて幸《さいわひ》をあたふるもの
ゆへにわれこれをあかめう

出のくずしは注意

性のりっしんべん（忄）のくずし注意

崇《あが》め敬《うやま》う

やまひねハあらざる物《もの》なり又《まさ》
父《ぶ》母《ぼ》をほ是花我《あし》之ほ是をや
志をふかく忘《あき》らをあ𛁈をこの中へ
は我《われ》まし出是をあかめうや
まつ孫ハあらざる物《もの》なり
父《ふ》母《ぶ》の天《てん》羊一みつりを我《われ》を指《さ》

やまわねハならさる者《もの》なり又《また》
父母《ふぼ》はわれを教《おし》へわれをや
しなふて益《ゑき》をなすものゆへ
に我《われ》またこれをあかめうや
まハねハならさる者《もの》なり
父母《ふぼ》の天《てん》にかハりて我《われ》を指《さ》

崇《あが》め敬《うやま》う

令《しづ》ある此權《けん》何れも天《てん》道《どう》と徳《とく》
法《はふ》とすを以て出生まきたれ
たるそしよ里旦主これ尊《そん》敬《けい》
せ伝る處つしん
父《ふ》母《ぼ》あやまちあるとも子《こ》ハ
我を此孝《カ》よ義《きう》以ふへくしんよ孫

令《しづ》するの権《けん》あるは天道《てんどう》と国《こく》
法《はう》とにおいてこれをさため
たるによりわれこれを尊敬《そんけい》
せさるへからす
父母《ふぼ》あやまちあるとも子《こ》ハ
その意《ゐ》に逆《さか》ふへからすよろ

国のくにがまえに注意

しく尊敬《そんけい》《たつとみうやまふ》の道をうしなふと
なまいきなる心えちかひ
出来ば諫《いさ》むべし
父母はおのれ幼《いとけな》き時《とき》より之を愛《あい》
育《いく》し己が為《ため》に苦労《くろう》《しんぱい》せしもの
ゆへに己達へとも其恩《おん》を

しく尊《そん》《たつとみ》　敬《けい》《うやまふ》の意《ゐ》をうしなふこと
なくいくたひもしつかに
これを諫《いさ》むべし
父母《ふぼ》はわれ幼《いとけな》き時《とき》われを愛《あい》
育《いく》しわか為《ため》に苦労《くろう》《しんぱい》せしもの
ゆへにわれもつともその恩《おん》を

ひの字母は「飛」です
諫の右のくずしは「東」と同じです
愛は悉をくずしたもの、異体字です

かへりみて其恩をむくふべし
凡《およ》そ世に生をうけ
しものハこれこれにむくふ
つきて務《つとめ》あるなりよりよく孝《かう》
順《じゆん》にして辛苦《く》をいとはず父《ふ》
母《ぼ》をたすくべきハこれいふ

かへりみてこれにむくふべし
凡《およ》そわれによきことをさつけ
しものハわれこれにむくふ
へきの務《つとめ》あるによりよく孝《かう》
順《じゅん》にして辛苦《しんく》《ほねおり》をいとはす父《ふ》
母《ぼ》をたすくへきハこれわか

なきへ孝とかるの務《つとめ》なり
父《ふ》母《ぼ》老《らう》衰《すい》してきでまちたる
くことあるにハざるありたら
バ己れ骨《ほね》折《をり》て扶育の恩《おん》にむ
くひてかれをたすくべし
父母貧《ひん》賤《せん》にして己れ幸《さいはひ》によ

なすへきところの務《つとめ》なり
父母《ふぼ》老衰《らうすい》《としより》してすでにはたら
くことあたハざるにいたら
バわれ骨折《ほねおり》てその恩《おん》にむ
くひてこれをたすくべし
父母卑賤《ひせん》《ゐやしく》にしてわれ幸《さいはい》によ

折のつくり「斤」のくずしは「亍」「干」も同じです

賤のつくりのくずし注意

き身《み》分《ぶん》と有るを得《う》るとても父《ふ》母《ぼ》のおんをわするゝことなく此事を尊《そん》敬《けい》《たふとくうやまい》すべし、もし富《ふう》貴《き》にして父母のおんを報ぜざるときハ罪《つ》甚《はなは》だしきまちがひなりと心え

き身《み》分《ふん》となるを得《う》るとも
父母《ふぼ》のおんをわするゝこと
なくこれを尊《そん》《たつとみ》敬《けい》《うやまひ》すへしもし
富《ふう》貴《き》にして父母のおんをわ
するゝときハ其罪《つみ》甚《はなは》だおほ
ひなりとす

身のくずし注意

罪の下部の「非」のくずし注意

あるまじそも己れ父《ぶ》母《ぼ》につかふるハなほ己が子《こ》の我《われ》につかふるをおしつもるがごとくすべし

子《こ》の父《ふ》母《ぼ》につかふべき務《つとめ》ハ天《てん》より命《めい》じたるところにして

あらましいはゝわれ父母《ふぼ》に
つかふるハなほわか子《こ》の我《われ》に
つかふるをほつするかごとく
すべし
子《こ》の父母《ふぼ》につかふべき務《つとめ》ハ天《てん》
より命《めい》したるところにして

人《ひと》たるものこれに我もくばうられゆへより不孝《ふこう》のものあまは人《ひと》皆《みな》いやしみののしり天《てん》にさからひ國《くに》にそむくものとし世生をとがむ人《ひと》は我らの父《ふ》母《ぼ》を愛《あい》しうや

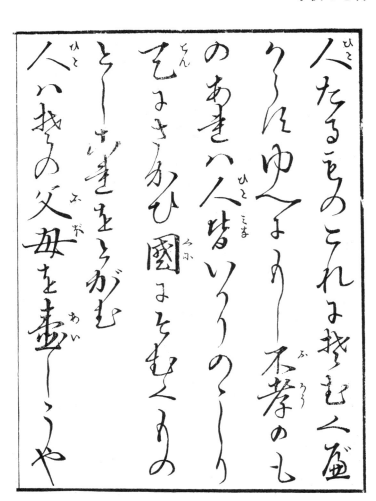

人《ひと》たるものこれにそむくべ
からすゆへにもし不孝《ふかう》のも
のあれハ人皆《ひとみな》いかりのゝしり
天《てん》にさかひ国《くに》にそむくもの
としこれをとがむ
人《ひと》ハその父母《ふぼ》を愛《あい》しうや

四ヶ所の「も」のくずし注意

やまふへきのことはあられまじ
その祖父《ぢゞ》母《ばゞ》をもあいけいを
べし弟たし祖父《ぢゞ》母《ばゞ》年《とし》たけて
老病《らうびやう》にかゝるとあまへねん
ごろにいたはりけるにその
父母《ふぼ》よりもあつく介《かい》抱《はう》をべ

まふへきのみにあらすまた
その祖父母《ぢゝばゝ》をもあいけいす
べしけたし祖父母《ぢゝばゝ》年《とし》たけて
老病《らうびやう》にかゝることあれハねん
ころにいたわりさらにその
父母《ふぼ》よりもあつく介抱《かいはう》すべ

無き事《こと》なり
手《て》習《なら》ふとや書《よ》を讀《よ》むとも於《おい》
てハ父《ふ》母《ぼ》の命《めい》を待《ま》たず勉《べん》強《きやう》
すへし若《も》し怠《たい》惰《だ》にして之《これ》を
勤《つと》めされハ長《ひと》となり他《た》人《にん》の
恥かしめを受《う》け却て父《ふ》母《ぼ》を

へき事《こと》なり
手《て》習《なら》ふことや書《しよ》を読《よ》むことに於《おい》
てハ父《ふ》母《ぼ》の命《めい》を待《ま》たす勉《べん》《つとめ》強《きやう》《はげむ》
すへし若《も》し怠惰《たいだ》《おこたり》にして之《これ》を
勤《つと》めされハ長《ひと》となり他《た》人《にん》の
恥《はづ》かしめを受《う》け却《かへつ》て父《ふ》母《ぼ》を

へは前頁にもあり重複しています
書のくずし注意
他人のルビ「に」は「尓」が字母です
恥の右側は必になっています

まつくしむるの事とならは一《いつ》生《せう》涯誤《あやま》り人《ひと》の下《した》にはみ使役《しえき》せらるゝに至《いた》るべし

童蒙初学巻之一終

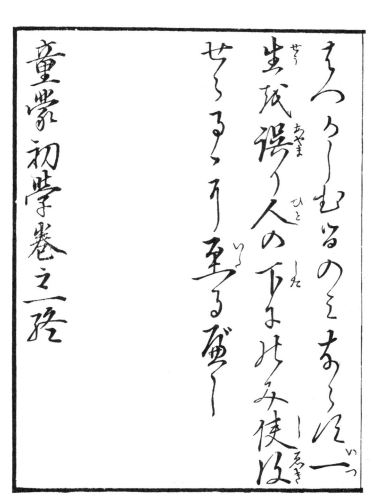

はつかしむるのみならす一《いつ》生《せう》を誤《あやま》り人《ひと》の下《した》にのみ使役《しゑき》せらるゝに至《いた》るべし

童蒙初学巻之一終

付録　くずし字漢字練習帳

本書の第Ⅰ章～第Ⅴ章で出てきた重要漢字を集め、次のような分類をしてあります。
❶セットで覚える、❷頻出するくずし字、❸ルビ付き語、❹異体字、❺旧字、❻偏や旁、❼比べて見よう―似たくずし字です。
右頁は「くずし字画像」、左頁は「読みの解答」で、見開きで学習できる練習帳を兼ねた「くずし字索引」にもなっています。

❶セットで覚える

①

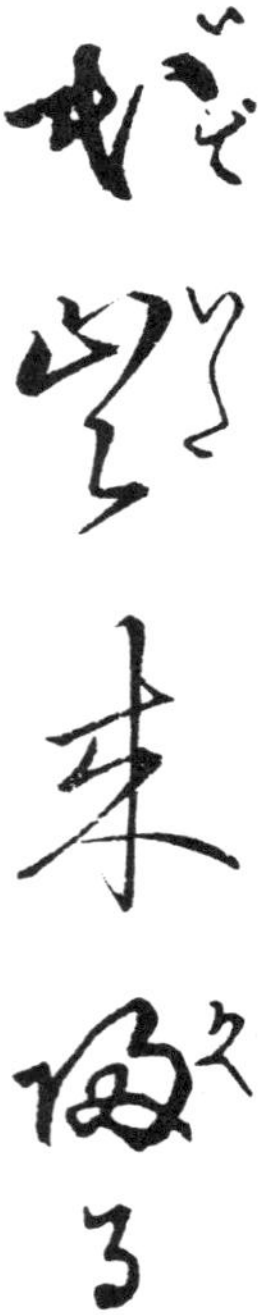

②

③

④

⑤

⑥

⑦

❶セットで覚える

①出《いだ》　出《いた》(いだ—す)　来　帰《かへ》る

②此　其

③有　無

④火　水　金

⑤晴　雨

⑥賢　愚

⑦剛　柔

❷ 頻出するくずし字

① ② ③ ④

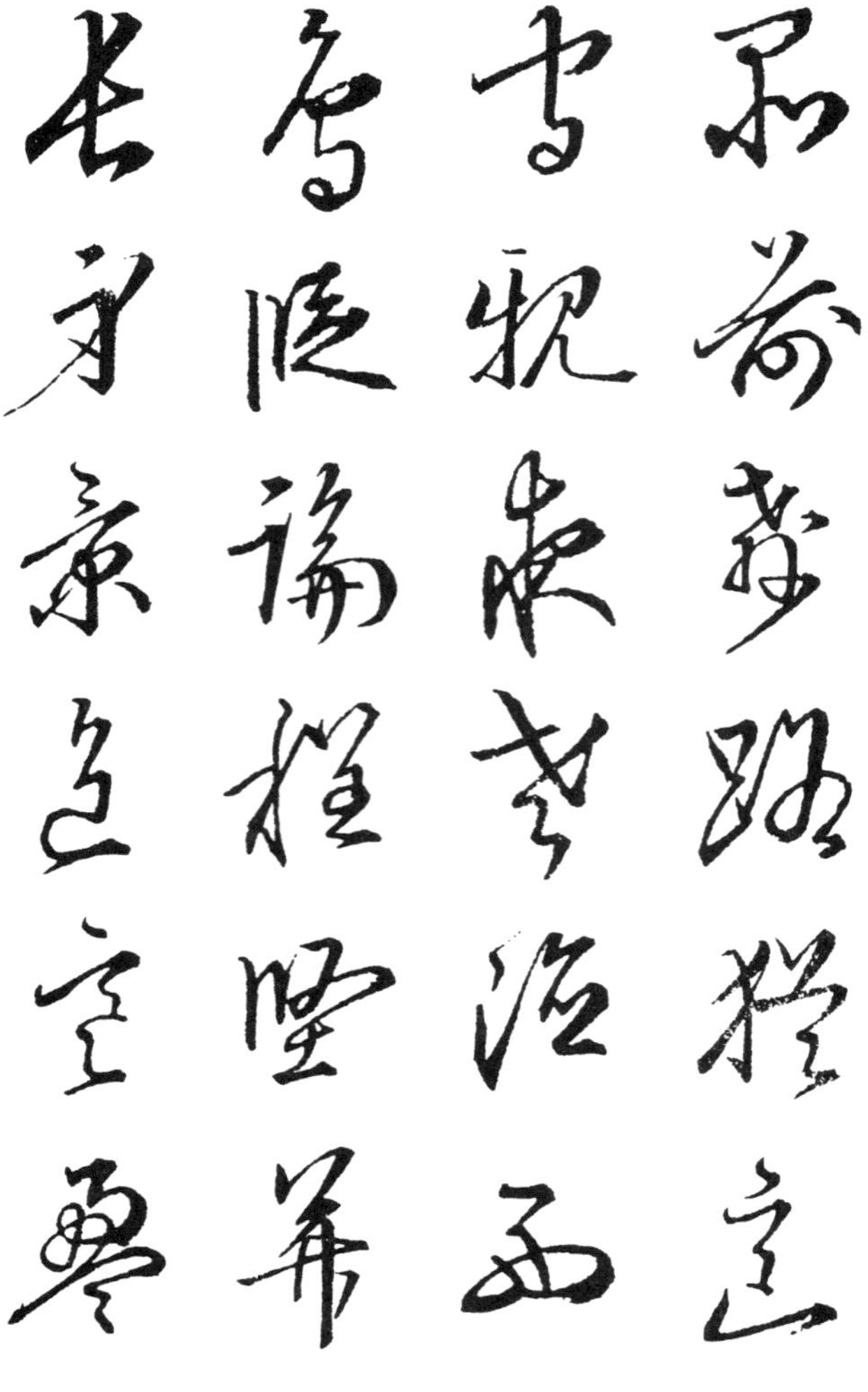

❷頻出するくずし字

①品　前　教　路　猶　意

②守　親　夜　左　徳　西

③鳥　段　論　程　堅　并（ならび─に）

④長　身　景　色　寒　畳

❸ ルビ付き語

①

②

③

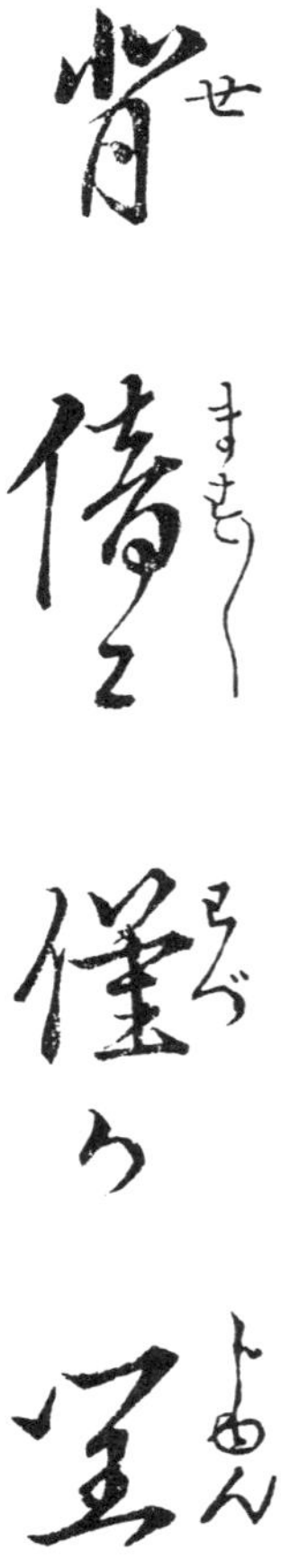

❸ルビ付き語

①誨《をし》―える　弥《めずら》―しい　早《はや》く　易《やす》く

②悔《くゆ》る　改《あらた》め　尊《そん》《たつとみ》敬《けい》《うやまふ》

③背《せ》　倍々《ます〱》　僅《わづ》か　閏《じゆん》（閏年＝うるうどし）

❹ 異体字

蜀 时 遊 畫 呉 秊
泄 庭 之 迯 着 る

❺ 旧字
學 畫 將 德 車 蔭
國 號 轉 藝 雲 麥

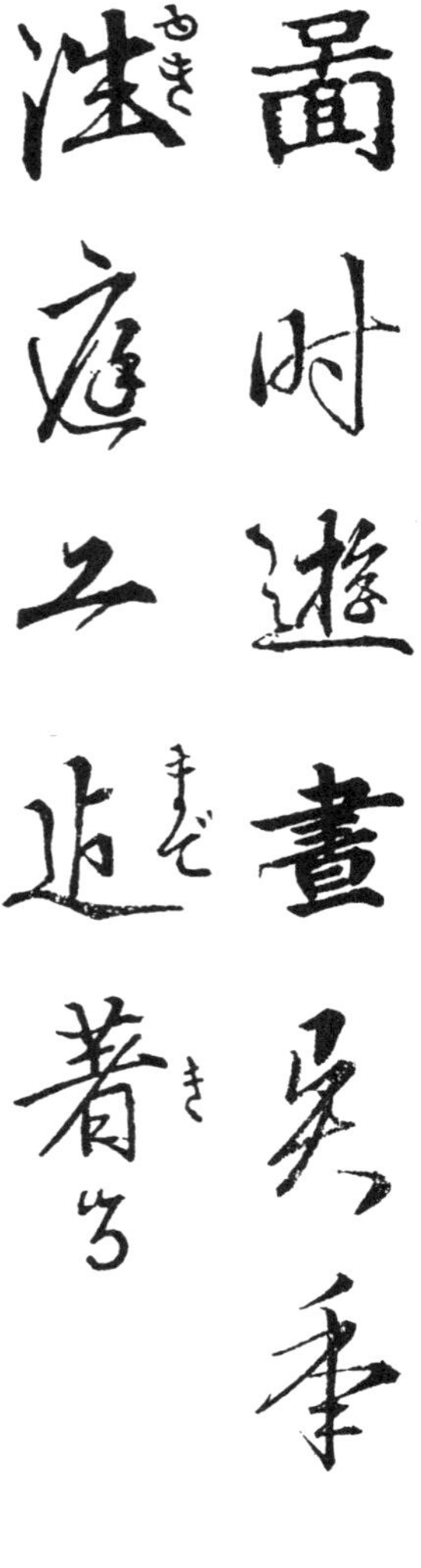

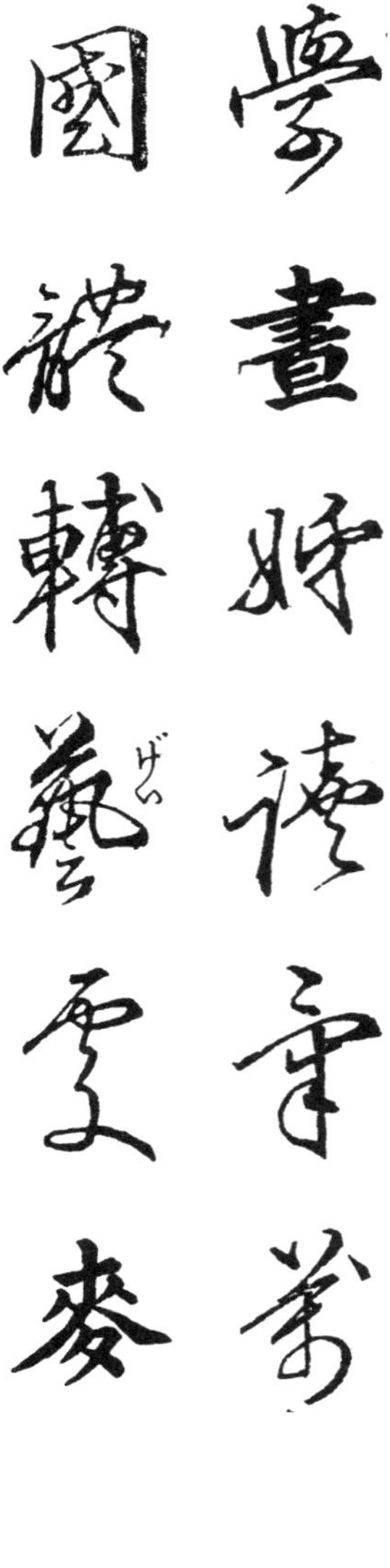

❹異体字

図　時　遊　昼　異　年

往《ゆき》　庭　工　迄《まで》　着《き》る

❺旧字

旧字	新字
學	学
晝	昼
姊	姉
讀	読
氣	気
萬	万

旧字	新字
國	国
體	体
轉	転
藝《げい》	芸
處	処
麥	麦

❻ 偏《へん》や旁《つくり》

⑤ ④ ③ ② ①

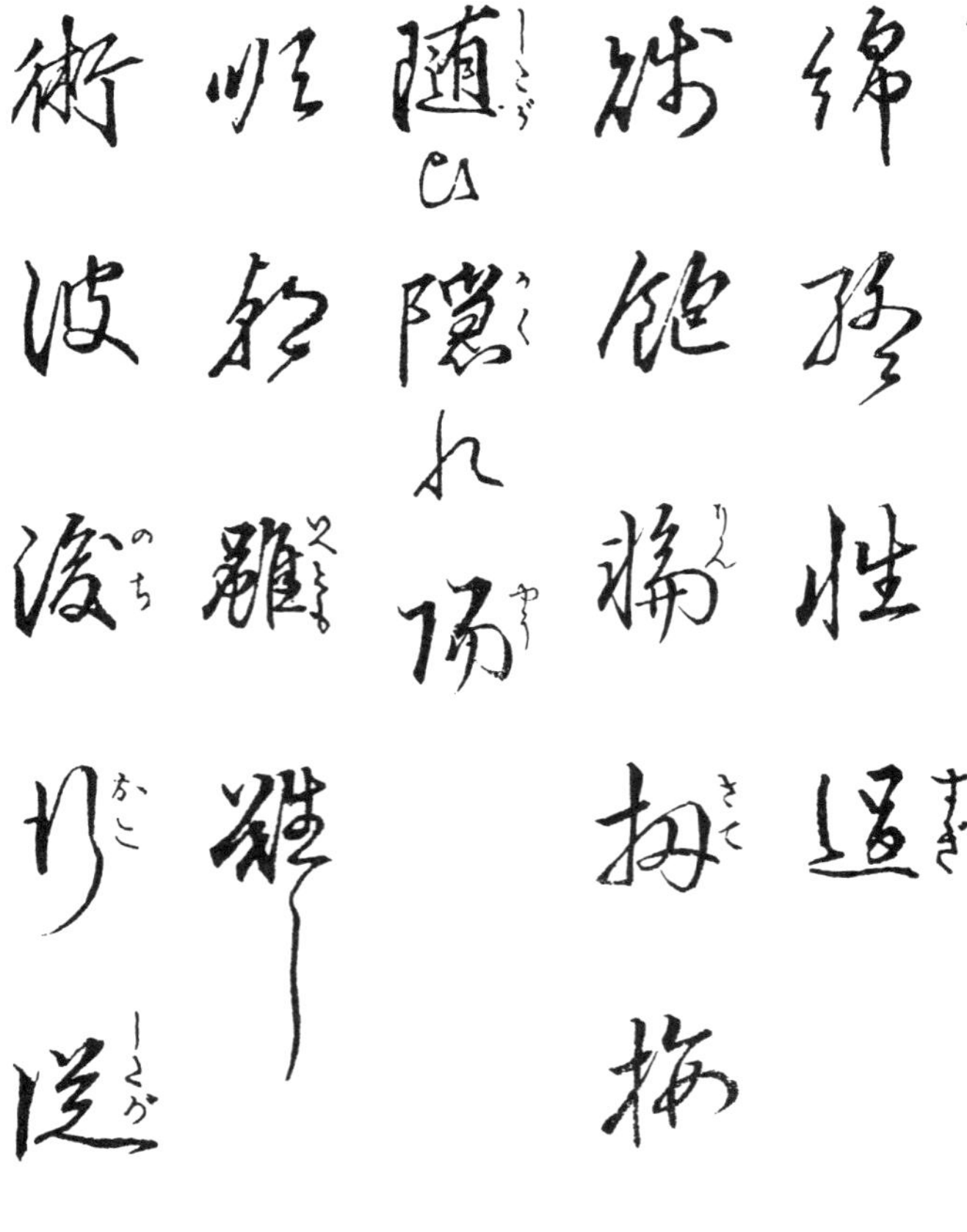

偏

①綿　終　性　過《すぎ》

いとへんの二通りのくずし方　りっしんべん　しんにゅう

②賤　飽　輪《りん》　扨《さて》　梅

かいへん　しょくへん　くるまへん　てへん　と　きへんは見分けにくい

③随《したが》ひ　隠《かく》れ　陽《やう》

こざとへんは三通り

旁

④順　朝　雖《いへとも》（いえども）　難し（かた―し）

おおがいつき　ふるとり　難のふるとり（隹）は注意

⑤術　彼　後《のち》　行《おこ》　従《したが》

ぎょうにんべん・さんずい・にんべんは見分けにくい

❼比べて見よう―似たくずし字

①

②

③

④

⑤

⑥

⑦

⑧

⑨

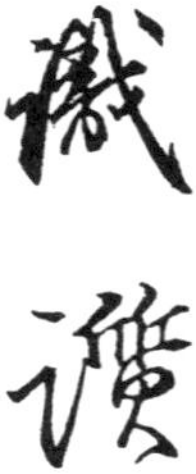

⑩

❼比べて見よう─似たくずし字

①夏　官　下部はそっくり　②洋　袢　「丰」のくずし

③軒　折　「干・斤・亍」は同じくずし

④白《しろ》　百　白に一で百　⑤於　棚　押　かたへん・きへん・てへんの違い

⑥道　常　上部の違いに注目　⑦役　得《う》る　右の旁部分に注目

⑧作　罪　「乍」と「非」は似ている

⑨識　躓（つまづ―く）　ごんべんとあしへんの区別

「丶」の下の間隔が狭ければごんべん、広ければあしへんになる

⑩書　書《しょ》　書《しょ》　書《か》　書　いろいろな「書」

小林正博
こばやし・まさひろ
一九五一年東京都生まれ。博士（文学）。現在、一般社団法人古文書解読検定協会代表理事、東洋哲学研究所主任研究員、日本古文書学会会員、東京富士美術館評議員、学園都市大学古文書研究会顧問。生涯学習インストラクター古文書1級、博物館学芸員、図書館司書。著書に『日蓮の真筆文書をよむ』『日蓮大聖人御伝記――解読・解説』『実力判定　古文書解読力』『読めれば楽しい！古文書入門』（小社刊）など。

潮新書 014

これなら読める！ くずし字・古文書入門

2018年　1月26日　初版発行
2023年　6月30日　7刷発行

編　者｜　小林正博
発行者｜　南　晋三
発行所｜　株式会社潮出版社
〒102-8110
東京都千代田区一番町6　一番町SQUARE
電話　■ 03-3230-0781（編集）
■ 03-3230-0741（営業）
振替口座 ■ 00150-5-61090

印刷・製本｜　株式会社暁印刷
ブックデザイン｜　Malpu Design

©Masahiro Kobayashi 2018, Printed in Japan
ISBN978-4-267-02119-0

乱丁・落丁本は小社負担にてお取り換えいたします。

本書の全部または一部のコピー、電子データ化等の無断複製は著作権法上の例外を除き、禁じられています。

代行業者等の第三者に依頼して本書の電子的複製を行うことは、個人・家庭内等の使用目的であっても著作権法違反です。

定価はカバーに表示してあります。

潮新書　好評既刊

出土遺物から見た中国の文明
稲畑耕一郎
地中からの出土遺物は、人類の文明の歩みを伝える無価の文化遺産！　中国の歴史を彩り創造してきた貴重な文物から、中国文明の奥深さを詳細に解き明かす！

西郷隆盛１００の言葉
加来耕三
明治維新一五〇周年、「西郷イヤー」の二〇一八年を生き抜く珠玉の名言集。稀代の英傑はいかにしてその人間完成にいたったか――。彼とその周囲の言葉から探る。

習近平はトランプをどう迎え撃つか
加藤嘉一
習近平が見据える世界戦略とは？　その時、日本は？　トランプ政権の誕生前後から、現在に至るまでの米中の攻防を踏まえ、北東アジア情勢を分析――。

その介護離職、おまちなさい
樋口恵子
一億総介護時代を間近に控えた今、介護をする側も、される側も自由と尊厳を失わず、前向きに生きていくための方法を提言！　介護に向き合うための必読書。

女城主直虎と徳川家康
三池純正
二〇一七年「大河ドラマ」の主人公・井伊直虎は、なぜ次郎法師と名乗ったのか？　井伊家と家康のつながりは？　など、ベールに包まれたその生涯に迫る！

潮新書　好評既刊

「沖縄・普天間」究極の処方箋
橋本晃和
トランプ大統領の登場は「沖縄・普天間」の呪縛を解き放つ好機となるか――。「米新政権はどう出る？」「辺野古が唯一の解決策？」など、全ての疑問に答える。

街場の共同体論
内田 樹
日本一のイラチ（せっかち）男が、現代日本の難題を筆鋒鮮やかに斬りまくる!! 目からウロコ、腹から納得の超楽観的「日本絶望論」！ 話題の名著が待望の新書化。

地球時代の哲学
佐藤 優
対談集『二十一世紀への対話』から池田大作SGI会長の思想を学ぶ。二八言語に翻訳出版された歴史的名著の初の解説本。ここに人類的課題解決の方途がある。

いま、公明党が考えていること
佐藤 優
山口那津男
国民的議論が巻き起こった「安保法制」「軽減税率」等の重用政策、公明党の存在意義についてまで、知の巨人・佐藤優氏が公明党代表・山口那津男氏に迫る！

「トランプ時代」の新世界秩序
三浦瑠麗
トランプ米大統領誕生は「歴史の必然」か!? 米国史上、もっともアウトサイダーな大統領のビジョンと日本の行く末を、気鋭の女性国際政治学者が読み解く。

潮文庫　好評既刊

毒唇主義
内館牧子
日常生活の何気ないひとコマを、〝愛ある毒〟をスパイスに、ドラマとして鮮やかに切り取ってみせてくれる五二編の痛快エッセイ。辛口美麗、愛情濃厚——。

西郷隆盛
高橋直樹
渾身の書き下ろし歴史小説！　維新による天地鳴動は、男を「軍神」という名峰へと隆起させ、やがて崩壊させていく！　浮かび上がる西郷の新たな姿。

龍馬は生きていた
加来耕三
あの日、京都・近江屋で暗殺されたのは影武者だった……。生きていた龍馬のその後はいかに。大胆な仮説から始まる本格的歴史シミュレーション小説。

定年待合室
江波戸哲夫
江波戸経済小説の真骨頂が文庫化。ベストセラー『定年後』（中公新書）の楠木新氏大絶賛！　一度はあきらめかけた男たちの反転攻勢が始まった！

きっと幸せの朝がくる
古川智映子
連続テレビ小説「あさが来た」の原案となった『小説 土佐堀川』の著者が波乱の人生を通して綴る、幸せになるための極意！「負けない心」は幸福への近道！

潮文庫　好評既刊

見えない鎖

鏑木 連

切なすぎて涙が止まらない……！　失踪した母、殺害された父。そこから悲しみの連鎖が始まった。乱歩賞作家が贈る、人間の業と再生を描いた純文学ミステリー。

黒い鶴

鏑木 連

いま話題の乱歩賞作家の原点が詰まった、著者初の短編小説集。「純文学ミステリー」の旗手が繰り出す、人間心理を鋭くえぐる全一〇話。名越康文氏絶賛！

史上最高の投手はだれか〈完全版〉

佐山和夫

アメリカ野球の伝説サチェル・ペイジを描いた幻のノンフィクションが大幅加筆で蘇る！「僕のピッチング理論を裏付けてくれた偉大な投手」と桑田真澄氏も絶賛！

アジア主義

中島岳志

アジアの連帯を唱えた思想は、なぜ侵略主義へと突き進んでいったのか？　気鋭の論客が「思想としてのアジア主義」の可能性に挑む。橋爪大三郎氏、推薦！

直虎

高橋直樹

たった一人の女の戦い――この女、乱世を生き抜く「大和撫虎」なり！　ドラマでは描かれない男たちの戦国乱世で戦った女性武将の新たな姿が浮かび上がる！

潮出版社　好評既刊

金栗四三
佐山和夫
二〇一九年 大河ドラマ「いだてん」で話題！　日本初のオリンピック・マラソンランナーはなぜ「箱根駅伝」を創設したのか？　知られざる歴史を描く！

魔女と魔王
岡田伸一
絶望を知った女が魔女になる。太古、未来、地獄。5つの国と獣の森をめぐる壮大な物語がいま始まる。残酷な選択と愛の冒険ファンタジー。

小説ＥＶ戦争
深井律夫
拡大する中国ＥＶ（電気自動車）市場。自動車産業の大転換点に大阪の町工場が挑む！　城山三郎経済小説大賞作家が贈る国際経済小説。

オリンピックの真実
佐山和夫
クーベルタンはなぜオリンピックを復興させようとしたのか。この西洋のスポーツ競技会が、日本を招いたきっかけとは。その真実に迫る。

忘れ得ぬ旅 太陽の心で 第1巻
池田大作
月刊『パンプキン』の連載エッセー『忘れ得ぬ旅 太陽の心で』が待望の単行本化。池田ＳＧＩ会長が各地での「忘れ得ぬ旅」を綴る、感動のエッセー集！

潮出版社　好評既刊

主婦 悦子さんの予期せぬ日々
久田 恵
就職しない息子、シングルマザーとして生きようとする娘、定年後の夫婦関係、母親の老いらくの恋――。悦子は次々と起こる想定外の出来事。

カンボジア孤児院ビジネス
岩下明日香
ノンフィクションの若き俊英が、旅行会社やNPO法人が手がけるカンボジアの「孤児院ツーリズム」の実態や横たわる闇に迫る衝撃のルポ！

自然が答えを持っている
大村 智
「ノーベル生理学・医学賞」受賞記念！　世界的科学者が自身の原点を綴った感動のエッセー集！　ノーベル賞受講演を単行本初収録！

心に火をつける「ゲーテの言葉」
白取春彦
ミリオンセラー『超訳 ニーチェの言葉』の著者が贈る文豪・ゲーテの名言集！　文豪のメッセージが貴方の人生をより深く、豊かにする！

エーゲ海に強がりな月が
楊　逸
親子ほど年の離れた男女の駆け引き――芥川賞作家が初めて放つ本格的恋愛小説！　現代に生きる女性の幸せのあり方を等身大に描く！